黎 茜 ◎ 著

PHYSICAL ACTIVITY AND HEALTH

CARE GUIDANCE FOR

COLLEGE STUDENTS

大学生身体锻炼

与保健指导

中国出版集团公司

世界图书出版公司

广州·上海·西安·北京

图书在版编目（CIP）数据

大学生身体锻炼与保健指导 / 黎茜著 . —广州：
世界图书出版广东有限公司，2017.4
ISBN 978-7-5192-2852-1

Ⅰ.①大… Ⅱ.①黎… Ⅲ.①大学生－体育锻炼②大
学生－卫生保健 Ⅳ.①G806②R161

中国版本图书馆 CIP 数据核字（2017）第 072097 号

书　　名	大学生身体锻炼与保健指导
	DAXUESHENG SHENTI DUANLIAN YU BAOJIAN ZHIDAO
著　　者	黎　茜
策划编辑	刘婕妤
责任编辑	黄　琼
装帧设计	黑眼圈工作室
出版发行	世界图书出版广东有限公司
地　　址	广州市新港西路大江冲 25 号
邮　　编	510300
电　　话	020-84460408
网　　址	http:// www.gdst.com.cn
邮　　箱	sjxscb@163.com
经　　销	新华书店
印　　刷	北京市金星印务有限公司
开　　本	710mm×1000mm　1/16
印　　张	11
字　　数	185 千
版　　次	2017 年 4 月第 1 版　2017 年 4 月第 1 次印刷
国际书号	ISBN　978-7-5192-2852-1
定　　价	34.00 元

体 育 颂

[法]皮埃尔·德·顾拜旦

啊，体育，天神的欢娱，生命的动力。你猝然降临在灰蒙蒙的林间空地，受难者激动不已。你像是容光焕发的使者，向暮年人微笑致意。你像高山之巅出现的晨曦，照亮昏暗的天地。

啊，体育，你就是美丽，你创造的人体，变得高尚还是卑鄙，要看它是被可耻的欲望引向堕落，还是勤奋地锻炼身体。没有匀称协调，便谈不上什么美丽。你的作用无与伦比，你可使二者和谐统一，可使人体运动富有节律，使动作变得优美，柔中含有刚毅。

啊，体育，你就是正义！在你身上体现的是社会生活中追求不到的公平合理，任何人类想超过速度一分一秒，越过高度一分一厘，取得成功的关键，只能是体力与精神融为一体。

啊，体育，你就是勇气！肌肉用力的全部含义就是敢于搏击，倘若不为搏击，肌肉发达有何益？培养敏捷、强健有何意义？我们所说的勇气，不是导致冒险家押上全部赌注似的蛮干，而是经过深思熟虑。

啊，体育，你就是荣誉！荣誉的赢得要公正无私，反之秋毫无意义。有人玩弄见不得人的诡计，以此达到欺骗同伴的目的，它的内心深处却受着耻辱的绞缢。有朝一日被人识破，就会落得名声扫地。

啊，体育，你就是乐趣！想起你，内心充满欢喜，血液循环加剧，思路更加开阔，条理越加清晰。你可使忧伤的人散心解闷，你可使快乐的人生更加甜蜜。

啊，体育，你就是培养人类的沃土。你通过最直接的途径，增强民族体质，防患于未然，矫正畸形的躯体，运动员从你那里得到启示，希望下一代长得茁壮有力，继往开来，去夺取桂冠的荣誉。

啊，体育，你就是进步！为了人类更大的进步，人们的身体和精神要同时改善。你规定了良好的生活习惯，你要求人们对于过度的行为引起警惕。你告诫人们要遵守规则，发挥人类最大能力而无损于健康的身体。

啊，体育，你就是和平！你在各民族间建立愉快的联系。它在有节制、有组织、有技艺的体力较量中产生。全世界的青年，通过你学会互相尊重、互相学习。不同的民族特质成为高尚而和平竞赛的动力。

前　言

1995年国务院颁布《全民健身计划纲要》至今已有二十余年，2007年随着教育部《大学生体质健康标准》的颁布，提高青少年体质健康水平成为我国高等院校教育的一项重要任务。随着科技的发展，青少年在完成繁重的学习任务之外，电脑、手机等占据了他们大量的剩余时间，多静少动成为多数学生的生活常态。据国家体育科学研究所2014年的统计数据，我国20—29岁人群中经常参加体育运动的人口仅占13.7%。体力、体育活动的缺乏导致肥胖、高血压、严重贫血、抑郁症、近视眼等疾病在青少年中间产生，学生的体质健康问题已成为学校和家长不可忽视的现实问题。

美国哈佛大学医学院临床医学教授、神经精神医学和大脑与运动领域专家约翰·瑞迪在其撰写的《运动改造大脑》一书中指出：运动不仅对身体有益，最关键的作用是强健和改善大脑。

了解了运动给我们带来的好处，那么，怎样锻炼就成为我们所要学习的内容。盲目的锻炼不仅不能增强体质，相反还会给我们的身体带来不必要的伤痛。

本书从科学锻炼的角度，指导广大学生如何正确地参加体育锻炼。全书内容深入简出、图文并茂，详细讲解和示范了各种练习方法。练习手段具有多样性、趣味性和易学性的特点，练习场地和设备条件简单、方便，适合于大学生们在课余、课间等所有业余时间进行。本书还针对"大学生体质健康测试"项目的锻炼方法进行了详细的指导，以有效地帮助学生提高"体质测试"成绩。

锻炼出好的体质不在于是否拥有高档的运动器材和设备，而贵在长期坚持参加体育锻炼的良好习惯。运动是良医！运动是最好的长寿药！运动建立我们的身心连接！运动成就健康！

黎 茜

2017年2月

目　　录

第一章　身体练习是健康学习和生活的需要

知识的健全依赖于身体的健全。

——亚里士多德

1.1　身体练习是解决体力与健康危机的重要手段

参加高考的学生，考前都承担着繁重的高考压力，往往对体育锻炼缺乏重视，加之不少学校和家长也只重视学生的文化课学习，以及全社会对体育运动重要性的认识不足，目前相当数量的大学生已经陷入了"运动不足"的危险。很多大学生除了上课、自习、吃饭、睡眠和一些交际活动外，从来不主动参加体育锻炼，致使从事运动的时间几乎为零。这种情况导致了身体运动的严重不足，极大地威胁着大学生的健康与生命。

国内某名牌大学的体育教师经过调查得出"入学新生体育先天不足"的结论。该校在一次对新生的调查中发现：35.8%的学生不喜欢体育课，没有经常锻炼者占61%，希望体育课不要评分者占74.7%，9%的学生未通过体育锻炼标准，63.5%的学生对体质的含义几乎一无所知。西北地区某重点大学2010年对1 300多名学生进行了体检，结果发现乙肝病毒携带者72人，其他传染病患者2人；视力在0.9以下者占总人数的75%，比2005年的统计增加6.1%；重度近视率（0.3以下）占近视率的62.6%，比1988年增加17.14%。2005—2010年四川省39所大专院校，因病休、退学及死亡的学生共1 425人，占学生总数的4.3%，神经精神系统疾病占第一位。

人类尽管是最高级的动物，然而人是"动物"这一点却是无可争议的事实。但是，人类是有别于其他动物的一种"动物"——是有思想会劳动的动物。

作为高等动物的人类，为了健康地生活，就必须：一，从饮食中获得营养——维持人类的生存；二，睡眠——使身体获得必要的休息；三，运动——使人类健康长寿，工作精力旺盛。营养、休息、运动是保持人类健康长寿、工作精力旺盛和发展的基本条件。前二者当然是维持人类生存的必要条件，但运动对人体的重要影响是营养和休息所无法代替的。身体练习能对人体产生如下的作用：

（1）身体练习对心血管系统能够产生良好的作用。主要表现在运动能使体内血液循环的动力系统（心脏、血管、组织代谢和血管外因素）得到改善和加强。

（2）身体练习能使人的肺活量增大。评价呼吸功能的好坏，往往是以肺活量的大小作为评定的指标，肺活量的大小也是衡量一个人身体健康的标志之一。

（3）身体练习对人体消化系统机能有良好的促进作用。在进行运动时，人体动用的物质能量比安静时要多得多。首先，由于运动使机体所消耗的这一部分能量需要得到及时补充，从而促使人的食欲增强，有利于体质的增强；其次，肠胃不断地受到刺激，可反射性地加强肠胃的蠕动，使消化液分泌增多，从而促进消化和吸收能力的提高；再者，运动增强腹壁肌肉，使胃肠消化的残余物质能顺利排出体外。

（4）身体练习对人体的运动器官产生良好的影响。运动使人体的肌肉纤维增粗，向横断面发展，增强肌力；提高神经系统对运动单位的动员能力，改善肌肉协调工作能力，使骨盆、脊柱正常发育，对骨化过程产生良好的影响，有利于身高的增长；增强关节周围的肌肉和关节的弹性及伸展性，促使关节活动既柔又韧，既灵活又牢固。

大学阶段是人体生长发育的青春期后期。在这个时期内，身体的内分泌活跃，新陈代谢旺盛，全身系统、组织和器官不断增大，体态也随之急骤变化，具有较大的可塑性。因此，在大学期间保证适当的身体练习活动可以弥补中学时期造成的运动不足。在时间上，大学生除了学习和生活之外，没有过多外界的干扰以及生活的烦恼，有比较多的时间从事身体练习；在精力上，青春期生理和心理的进一步发展已成为他们强大的推动力，使其具有极其旺盛的精力与热情去改善自身的形体。

您也许会说"我认为自己还是健康的，身体还可以。何况，我又不去当运动员，更不寄希望去创造什么新的运动竞赛记录，现在的这些体力就足够用了"。不错，大学并不是培养优秀运动员的场所，它既不要求您拥有举重运动员那样发达的肌肉块，也不期待您具备十秒钟内跑完一百米的速度。然而，体育运动绝不仅仅是具有超群技能的运动选手们的竞赛。体育更重要的功能是以它灵活多样的身体练习方法，为全社会的人群提供健康保证，并逐步成为人们日常生活中不可或缺的重要内容。君不见，凌晨的城市广场上，朝气蓬勃的中老年迪斯科方队；傍晚的学校操场上，你争我夺的中小学生足球赛；烈日炎炎的盛夏，沙滩、泳池处处有潮水般的游泳大军；寒风凛冽的严冬，随处可见热火朝天的长跑队伍。难道从事这些身体锻炼的人们都是为追求胜利的光荣，去创造什么新的运动记录？可以肯定地说，大多数人进行体育锻炼的本意，是为在日常生活中能够精力充沛地学习和工作。这种身体所必需的充足耐力、旺盛持久的工作能力，才是他们追求的真正目标，也正是人类健康的基础。

恐怕您又要抱怨："虽然身体健康有如此重要的意义，身体练习又有如此广博的内涵，可是，我们日复一日紧张地学习、生活，哪里还有时间从事身体练习呢？"当然，不可否认大学生活相当紧张，但也并非每天24小时都用于读书吧？那么请问闲暇时间您都做些什么呢？不会都在睡觉吧！图1-1就是我们通过调研对一个大学生的每周生活做的粗略划分。只要大家稍稍留心一下周围的环境，不难发现到处都是运动器械和活动场所。在宿舍里，可利用桌、椅、床、哑铃、拉力器、皮条（或废自行车内胎）和其他日常生活用品进行身体练习；在学习场所，同样可利用桌、椅、墙壁、楼梯等身边事物从事身体练习；除了运动场所之外，广场、马路、草地、花园也都是从事身体练习的理想场所。如果您能充分利用闲暇时间和身边的物品，在学习、生活环境里从事有益的身体练习，并将其作为您生活的一部分，您必将终身受益。

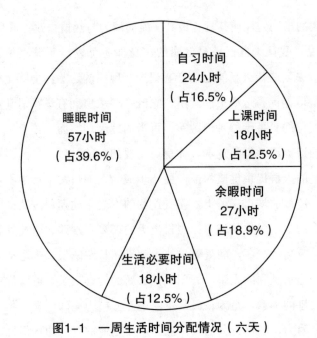

图1-1　一周生活时间分配情况（六天）

1.2　身体练习有助于文化学习

　　利用闲暇时间从事身体练习不会影响文化学习。可是，有些同学常以"鱼和熊掌不可兼得"来形容体育活动与文化学习的关系。其实体育锻炼非但不会影响学习，而且有助于学习质量的提高。国内外大量的心理、生理实验和统计数据都证实了此结论。

　　前苏联心理学家A·萨哈耶夫教授研究了早操对人的心理影响，[1]证明它对80%—97%的受访者的记忆力、注意力以及清除懒惰或过分兴奋有无可置疑的提高和改善作用。20世纪60年代，有研究报告显示：研究人员让心理素质差的儿童进行健身活动，结果其运动能力、阅读能力都得到了提高。还有人对动作技能与学习的关系进行了研究，结果表明，在阅读、书写、理解等方面得到高分的人，他们中的大部分动作技能较强。前苏联学者希季科娃的研究表明，强度较大的体育课也不会给下一节课学生的智力活动带来副作用，相反还能提高他们的智力。美国斯坦福大

---

[1]　赵坛生.大学体育锻炼与健康指导[M].北京：北京邮电大学出版社，2011：7.

学的特罗教授在追踪观察美国数十名天才儿童时发现，他们经常从事体育锻炼，体质和精力比一般孩子好。此外，该校还对全国获得优等奖学金的学生进行了调查，结果表明，优等奖学金获得者大都热衷体育活动，身体比一般人更为强壮。

上海体育学院的陈融通过对注意力稳定性的研究发现，体育课后学生的注意力稳定性水平高于课前，课后20分钟比课前提高15%—19%，且课后40分钟仍能保持较高水平，比课前高14%左右。张庆芳等人对学习前后脑血流图的研究证明，当大脑因学习出现暂时疲劳时，活动10分钟，使心率达到120次/分，即可使大脑工作能力恢复并超过原有水平。[1]

参加身体练习能使肌肉发达、耐力增加、精力充沛。肌肉发达则肌肉中的能量和氧气储备多，人在学习工作时就不易疲劳。有人做过估测，肌肉占体重40%的人，每天能胜任10小时的学习任务；若肌肉占50%，则工作12小时也不会感到疲劳；如果肌肉只占体重的30%—35%，那么一天工作6小时都会感到吃力。

身体练习能使呼吸系统健康，肺活量增大。脑细胞获得的氧气多，脑功能就好。普通人每分钟氧极限（组织细胞吸收氧气的能力）为2—3千克，肺发育好的人可增至4—5千克，甚至5.5千克以上。所以，呼吸系统健康的人，大脑功能得到更好的发挥。

身体练习能使心脏发达，血液循环旺盛，大脑得到足够的血糖，脑功能就好，大脑神经活动的反应速度就快，大脑皮层的分析和综合能力就强。血糖是脑力劳动的能源，每百毫升血液中血糖浓度达100—120毫克时，大脑功能最好；血糖浓度降至80—100毫克，大脑功能尚属正常；降至60—70毫克，记忆和思维能力明显下降，如心脏功能弱，则易患体质性低血糖症、头晕、失眠，甚至得神经官能症，脑功能就会下降。

学习过程中，由于脑组织新陈代谢快，使神经细胞中的抑制产物堆积导致智力下降。体育活动则可以加速血液循环，排除废物，使大脑获得更多的能量，从而使中枢神经细胞得到充分的营养、休息与调节，达到提高学习效率的目的。参加身体练习对学生的综合智力（感官、知觉、记忆、思维等）产生良好的影响。由于身体练习是在大脑指挥下进行的复杂身体活动，加之体育锻炼本身具有生动的实践性和活动方式的多样性，不同于课堂教学的特点，所以能从不同角度增强学生的智力。

---

[1] 王发斌.试论大学生身体锻炼和自我保健能力的培养[J].中国科技信息，2005，2（23）：137.

1.3 未来向您的身体提出挑战

为祖国健康工作五十年，就是未来对您的身体健康状况提出的总的要求。要达到这一要求，就需要您有充沛的体力、高昂的精神、超强的生活与工作能力。本书所提倡的身体练习不仅是为了您在学校的学习与生活，更重要的是帮助您养成锻炼身体的习惯。持之以恒地进行身体练习，使您的身体长期受益，实现终身体育的目的，在毕业后能更长时间地为祖国建设服务，而不至于过早地成为社会的负担。

人生的意义在于奉献，奉献的基础是生命，而生命在于运动！无论您有怎样崇高的理想，也无论您有多么丰富的知识，如果您的身体和精神状况不佳，您又如何更好地、充分地为祖国做贡献呢？

生活快乐和幸福的基础就在于身体和精神的健康。无论今后您的经济如何富裕，事业如何成功，如果您长期患病、弱不禁风、神志恍惚，又如何体会生活的乐趣，享受美好的生活呢？

社会变革与发展离不开知识分子的创造。为祖国健康工作五十年，是祖国对大学生的期望，同时也是大学生义不容辞的责任与使命。

祖国的期望，自身的责任，需要您具有充沛的体力、高昂的精神、旺盛的生命力。可是，目前我国有60%以上的知识分子患有各种疾病，[1]且一半以上死于中年，中高级知识分子的寿命比全国人口的平均寿命短了近十年。严酷的现实难道还不能引起您极大的关注吗？

毋庸置疑，多数知识分子因长期从事科学研究，工作担子重，体力劳动少，身体练习缺乏，加之收入较低、营养跟不上等导致身体和精神状况不佳，但也不可否认很多知识分子存在主观上不够重视身体锻炼的问题。

许多知识分子在学生时代，常常不够重视体育锻炼，没有充分利用这一身体发展的"黄金时期"，导致身体健康的基础受到了一定的影响。在他们走向工作岗位后，因长期从事脑力劳动，日以继夜地学习、研究，缺乏必要的身体活动，长此以往造成了身体的严重损害。可是，这一切都并未引起广大知识分子的警惕，致使他

---

[1] 贾秀春，李晓霞.体育保健与健康指导[M].吉林：吉林大学出版社，2012.

们过早失去了宝贵的年华，告别了美好的人生。

美好的人生需要您去创造，未来的挑战期待您去迎接。那么就请您从自己开始，面对现实，正视未来对您身体健康提出的严峻挑战。

首先，科学技术的发展日新月异，需要你们这一代大学生充分地发挥聪明才智，去迎接时代的挑战；祖国宝贵的文化遗产，需要你们这一代去继承和发展，振兴中华；祖国科学技术和经济发展，需要你们这一代人卧薪尝胆、艰苦奋斗，去创造和建设。而这一目标的实现均与健康的身体、充沛的体力和旺盛的生命力有着直接关系。

其次，由于科学技术的进步、生产力的迅速增长，生产与生活现代化程度越来越高，人的体力活动进一步减少的同时，精神负担相对增加，人类将面临肥胖病、心血管系统疾病和精神系统疾病等"文明病"带来的严重威胁。为了摆脱这种困境，同学们就需要充分认识身体锻炼的重要性，主动积极地参加各种身体练习来增强体质、维护健康，促进身体的全面发展，摆脱体力与健康的危机。

再者，由于生活条件的逐渐改善，人们的价值观念必将发生转变，由单纯注重物质生活的追求，转向注重精神生活的追求。岗位工作、家庭劳动的自动化、机械化，为人类提供了诸多方便，闲暇时间将随之增多。文化生活水平、个人修养的提高，使人类精神境界提升至新的层次，无疑需要丰富多彩的精神生活以满足人类日益增长的精神需求。电影、电视、音乐、晚会、棋牌、书画、体育活动等多种多样的文化娱乐活动，必将在人类生活中占有重要的位置。身体活动作为人类一种重要的娱乐活动方式，是高尚的、最有益的、最富有生气的活动，将在未来人类的生活中具有更重要和深远的意义。

困境、危机、挑战充满着当代大学生的未来，那么，您又将如何正视未来、直面挑战？

第二章 课余时间的身体练习方法

身体的健康因静止不动而遭破坏，因运动练习而长期保持。

——苏格拉底

2.1 身体练习原则

增进身体健康和保持良好的体力有赖于从事身体练习，而身体练习获得的充沛的体力是营养和休息所无法替代的。参加身体练习是一种不依赖于别人指使、命令或强制的练习活动。它要求您充分意识到：

（1）自己的健康必须自己负责，谁也无法为您负责。

（2）自己的健康必须自己保护，别人不能替您照顾。

（3）想达到身体健康、体力充沛，自己就必须做出不懈的努力，他人是无能为力的。

总之，健康要求您自觉地进行身体活动。它不需要复杂的体育设施和专业教练，而是在日常的学习、生活中主动而愉快地活动身体，开展体育运动，就是我们提倡的身体练习。

身体练习活动计划的制定、方法的实施，应适用下列原则：

1. 检查身体有无疾病和异常

患病或者患有慢性疾病的同学，是不适合进行大运动量的练习和激烈的体育比赛的。然而，根据病情进行一些轻微的体育活动，往往可以加快健康的恢复。患病的同学应当先检查身体，经医生同意后再开始适合自己身体状况的身体练习。

2. 从轻微运动过渡至激烈运动

突然进行激烈运动是有害健康的。平时走路都慢吞吞的人，突然快跑起来可能招致生命危险。因此做练习时，需要使身体器官的机能逐步适应。练习时从轻微运动开始，速度较慢的运动强度较低，并且注意观察身体的适应情况。身体适应后，再逐渐地过渡至较激烈的运动。从轻微运动转向激烈运动，从慢速转向快速，从短时间转向长时间，逐步提高练习的数量和质量是增进健康和发展体力的好方法。

3. 逐步增加负荷

仅仅是漫不经心地重复同等强度和次数的练习并不能增强体力，在次数和强度上没有达到自己能力和体力要求的运动量，同样也得不到理想的效果。正确的方法是使用比平时生活中的力量更大、时间更长的负荷进行练习。在习惯该运动强度之后，再有规律地逐步增加负荷，提高运动强度和运动量。

4. 使全身都得到运动

身体练习的目的是保持身体健康，并在练习中使身体获得充沛的体力，进而提高身体素质。只注重身体某一部分的练习，不符合练习的目的，也得不到良好的练习效果。专业运动员从事的专门练习是以增强特定的肌肉、运动技能和技术水平而进行的专项性很强的运动训练，与身体练习活动有很大的区别。普通人在身体活动中应尽量将各种不同的动作组合起来，进行多样性的全面练习。

5. 制定计划、持之以恒

如果不能坚持运动，就不会取得真正的练习效果。需要的是每天运动，逐渐增加次数，持之以恒地坚持下去。需要自己制定计划、确立目标，尽可能规范记录。一方面定期对照各种测试了解自己有无提高，另一方面坚持每天运动。总之，贵在坚持。

6. 应定时测试和记录身体的变化情况

许多身体活动都可以进行自我测试并制成图表。例如，在每周特定时间记录您的锻炼情况，每周记录一次体重，5—6周做一次总的测试。图表的设置不仅有助于提升锻炼的积极性，而且作为整个锻炼进程中经常性的检查，可有效地控制锻炼的过程。

通过身体活动获得的机体机能变化不会永存。不坚持锻炼，已获得的效果将会逐渐消失，耐久力比肌肉力量消退得更快。因此，必须认识到当前的锻炼并不能为未来健康进行储存，而应该持之以恒地进行锻炼，使它成为整个生活的一个组成部分，方能长期受益。

遵循以上原则，充分利用课余时间进行有效的身体练习，无论对大学生今天的学习还是未来的工作均有着十分重要的意义。以下我们将根据日常生活的不同内容，为您介绍一些简便实用、生动有趣的练习方法。

身体练习的第一步，就是对平时生活进行调整，自觉而有意识地对日常生活中的各种活动和动作增加负荷。只要自觉，人人都不难做到。下面以人们平时的各种活动和动作为例，说明如何自觉地增加负荷，并介绍日常生活中各种身体练习的具体内容：

（1）坐：端坐在床上，将臀部向右方偏坐，返回端坐姿势，再向左方偏坐，连续进行。两腿并拢，向左向右两侧伸出，上体保持正直。

（2）坐起：端坐姿势，不用手起立；盘腿坐，不用手起立，连续进行；偏坐姿势，不用手起立；侧坐姿势，不用手起立，抬起一条腿坐起。

（3）取物：两腿靠拢、伸直，上体前屈取物。

（4）搬运物品：用双手搬运。

（5）脱袜单腿站立，保持平衡。

（6）上下楼：上下楼时，尽量每步跨两个台阶。

当然，日常生活中的身体锻炼绝不仅仅局限于上述几种。因此，应进一步在日常生活的所有场合尽可能地进行身体运动，使自己养成自觉运动的良好习惯。

只要您多动脑筋，做点努力，一日之中有很多进行自身练习的机会。下面简要提示一下日常生活中人人可以进行的几种身体练习，您就可以发现身体练习是极易进行的。

早晨，虽然大脑苏醒了，但身体的其他部分还处于松弛状态，肌肉、神经等还没有"苏醒"。为了使身体全部醒过来，为了爽快地起床，需要依靠运动来刺激身体。可做深呼吸、打哈欠、挺胸伸腰、舒背等运动，准会使您顿时精神抖擞。

傍晚，经过一天紧张的学习工作之后，松弛紧张的神经，为明日的艰苦学习奠定基础，可做散步、游戏、摆动、按摩、推拿以及用臀部"行走"等运动。

2.2 宿舍内的身体练习方法

宿舍，是大学生日常生活的"小世界"，也是大学生保持和增进健康、消除疲劳、加强团结的理想场所。为了保持身心健康，具有充沛的体力，身体练习这种与营养、休息同样重要的活动，应当在宿舍内开展起来。

当然，学生宿舍内没有体育运动和身体活动的专用设备，更谈不上有专业教练和运动组织。而让学生无需专用设施、教练和组织来进行自身的身体练习，正是本书要达到的目的。因此，宿舍中身体练习内容的安排应该简单易行、生动活泼。

同一个宿舍里的同学有着不同的体力、能力和性格。每个人可根据自身体力情况来选择身体练习，使人人受益，逐渐形成一个健康团结的"小世界"。也就是说，即使大多数同学身体健康，但如果彼此之间互不关心、毫无联系，这样的集体也不是健康团结的，宿舍内的身体练习正是创造这种氛围的一项有效活动。大学生的健康是广义的，它不但指机体的健康，还包括精神的健康。宿舍内的身体练习能够促进每一位同学重视身体和精神的彼此联系，这是非常重要的。缺乏精神联系、死气沉沉的集体绝不是健康的集体，而这种精神上的联系，正是可以通过身体练习来实现的。宿舍内的身体练习有以下四项意义：

（1）丰富生活，陶冶情操。

（2）增强体质，提高健康水平。

（3）增进团结，形成集体主义观念。

（4）得到积极性休息。

2.2.1　利用宿舍内家具的身体练习方法

2.2.1.1　利用凳子的练习

练习1：站立，两手体前持凳。直臂上举，深吸气，缓慢、平稳地放下，深呼。（图2-1a）

作用：增强肩带肌肌力。

练习2：两脚开立（同肩宽），右手持凳。右臂侧平举，直臂向左举于胸前，呼气。左手迅速接凳，用直臂举向左侧，吸气。（图2-1b）

作用：增强肩带肌、背肌和胸肌。

练习3：站立，两手背后持凳（凳面靠近背部）。屈臂尽量上举（凳面顺着背部向上滑动），吸气。还原成预备姿势，呼气。（图2-1c）

作用：发展肩带肌和矫正体姿。

练习4：站立，屈肘，两手握凳脚，连续向左右两侧上下摆举。（图2-1d）

作用：提高前臂肌力。

练习5：坐在凳上，两脚钩住支撑物（或一人压住脚），两手叉腰或抱颈。上体向后倒成仰卧，吸气。慢速坐起，呼气。上体前倾，向左侧转体，再向右侧转体。（图2-1e）

作用：增强腹直肌。

练习6：坐在凳上，两脚开立（同肩宽）。上体右侧屈，右手触地。左臂屈肘，手顺体侧滑向腋窝，呼气。还原，吸气，反方向练习。（图2-1f）

作用：提高脊柱灵活性，增强腰背肌肌力。

练习7：右膝跪地，右手握凳脚。右手先将凳举离地面，再上举，吸气。还原，呼气，两手交换练习。（图2-1g）

作用：增强腕力。

练习8：正坐，两手支撑凳，将身体撑离凳面，举腿呈直角，静止5—6秒，深吸气。还原成正坐，呼气。（图2-1h）

作用：增强腹直肌、臂肌和肩带肌。

练习9：俯撑，脚趾撑凳面。屈肘，上体前俯，吸气。两臂撑起，呼气。（图2-1i）

作用：增强肱三头肌。

练习10：仰卧在草席上，右手握凳脚。右臂上举，吸气。还原，呼气，两臂交换练习。（图2-1j）

作用：提高三头肌肌力。

练习11：仰卧在草席上，将凳置于脚部右侧。直腿将凳举起，吸气。放回右侧，呼气，反方向练习。（图2-1k）

作用：增强腹直肌。

练习12：仰卧在草席上，将凳置于头后。两手抓凳脚直臂上举，呼气。还原成
　　　　预备姿势，反复做。（图2-1l）

练习13：站立，左脚置于凳面。慢速站到凳上，吸气。还原，呼气，两脚交替
　　　　练习。（图2-1m）

　　　　作用：增强腿肌。

练习14：左脚蹲立，右腿伸直前平举，右手扶方凳。左脚用力蹬地，撑起上体
　　　　直立，吸气。还原成蹲姿，呼气，两腿交练习。（图2-1n）

　　　　作用：增腿肌和腹直肌。

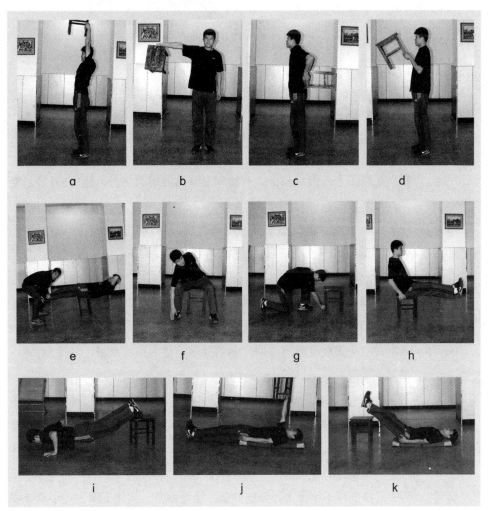

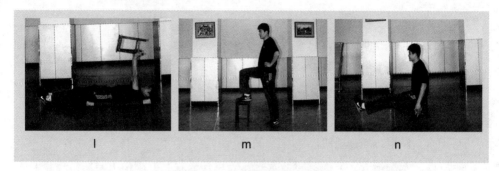

图2-1　利用凳子的练习

注意事项：

（1）每个练习重复10—15次。

（2）初练时，练习强度和重复次数应由少到多，逐步递增。

（3）动作要准确、平稳而有节奏，呼吸要均匀。

2.2.1.2　利用椅子的练习

练习1：立姿，举双臂，90度弯腰，手掌触椅子靠背顶端，上身用力下压。坚持5秒钟，复原，重复10次。（图2-2a）

练习2：侧坐在椅子上，然后仰卧，两腿和上身同时用力下压，坚持5秒钟，复原，重复5次。（图2-2b）

练习3：立姿，抬右腿，将足搁于椅子靠背顶端。举双臂，弯腰，手掌触右脚背，胸部用力下压，坚持5秒钟，复原，然后抬左腿，交替进行，重复5次。（图2-2c）

练习4：端坐在椅子上，绷直双腿，双手撑住座位两侧，并用力将身体抬起，坚持5秒钟，重复5—8次。（图2-2d）

练习5：侧坐，双手握住身后座位同一侧的外缘，尽力抬起双腿，坚持5秒钟，复原，重复8次。（图2-2e）

练习6：将两把椅子对放，相距与肩同宽，两臂支撑于座位正面前部，两臂距离略宽于肩，两腿并拢伸直，脚趾支地，身体伸直，从头到脚成一直线。然后屈臂，身体降至与座位平行，随即伸直两臂，稍停，重复10次，身体撑起时吸气。（图2-2f）

练习7：两手反撑于椅子座位上，两腿并拢，全身绷直，脚跟支地，呈半仰卧姿势，然后屈臂，身体降至背部触及椅子座位前缘，臀部略下沉，随即伸直两臂，撑起身体，稍停，重复10次，身体撑起时吸气。（图2-2g）

练习8：将两把椅子对放，相距与肩同宽，两手反撑于椅子座位上，两臂距离略宽于肩。两腿并拢，全身成一直线，脚踵支地，呈半仰卧姿势。然后屈臂，身体降至与座位平行，随即伸直两臂，撑起身体，稍停，重复10次，身体撑起时吸气。（图2-2h）

练习9：两臂伸直撑地，两臂距离同肩宽。两脚放在椅子面上呈俯撑姿势，两腿并拢伸直，从头到脚成一直线，臀部和腰部不能弓起或塌下，屈臂，使身体下降至前额触地，随即伸直臂，撑起身体。稍停，重复5次，身体撑起时吸气。（图2-2i）

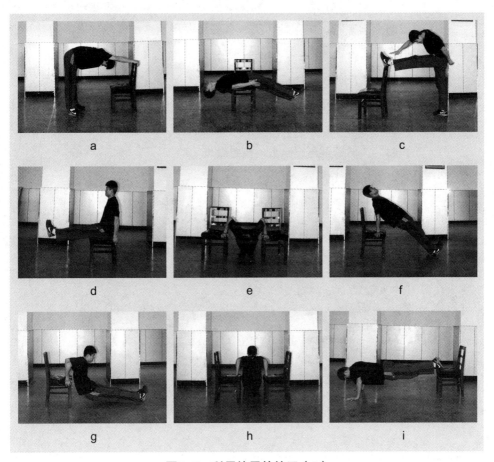

图2-2　利用椅子的练习（1）

2.2.1.3　利用绳子的练习

练习1：原地跳绳（练全身协调力量）（图2-3a）

　　腿呈弓箭步状，两臂伸直，俯撑在地上，将一根绳子横放在两腿之间。练习时，两腿同时交换跳越绳子，反复做。

练习2：体前屈（练腿部柔韧）（图2-3b）

　　两手握住绳子与肩同宽，坐在床上。练习时，两腿伸直，并拢，体前屈，使绳子置于脚心部，静止3秒钟，复原，反复做。

练习3：单腿穿越（练肩部柔韧）（图2-3c）

　　站立，两手握住绳子，距离宽于肩。练习时，一只脚从两臂及绳子围成的空间穿越，脚落地，另一只脚用同样的方法穿越过来，两臂从背后经头上方绕至体前，反复做。

练习4：侧滚（练背肌、腹肌）（图2-3d）

　　两手握绳子，距离与肩同宽，将绳子置于头后，躺在床的一侧。身体绷直，练习时，身体向床的另一侧滚动呈俯卧姿势（头、上体、两腿抬起）。然后再还原回来，反复做。

练习5：左右跳（练弹跳、灵敏）（图2-3e）

　　站立，将绳子放在脚的左侧。练习时，双脚同向左侧跳越绳子，随即向右侧跳越绳子，反复做（前、后跳越也可以）。

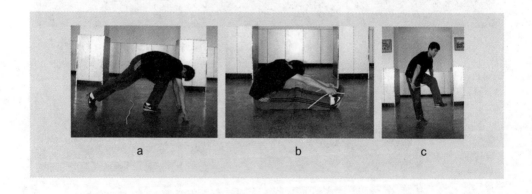

a　　　　　　　　b　　　　　　　　c

图2-3　利用绳子的练习

2.2.1.4　利用床的练习

在床上进行身体练习的方法是多种多样的。俯卧撑练习可锻炼上肢肌和胸肌，仰卧起坐可锻炼腹肌。为了增加负荷，做仰卧起坐练习时，可将脚放在被子上进行。为了锻炼背肌，可躺在床上，上体和腿同时抬起、还原、再抬起（即两头翘）。也可以背对床，两手抓住上铺床沿做举腿练习等。

2.2.2　拉力器练习[1]

练习1：练胸大肌（图2-4a）

　　　　把拉力器固定在身体右侧斜上方，自然站立，躯干挺直，右臂微屈，右手握把手，向下拉至腹部。注意随时调节位置，使胸肌得到全面充分的锻炼，左右两臂轮流换做。

练习2：练腹肌（图2-4b）

　　　　仰卧在草席上，将拉力器一端固定在头后，双足固定，双臂后伸，手握把手，边做仰卧起坐边拉拉力器。

练习3：练三角肌（图2-4c）

　　　　站立，将拉力器斜置于身后。一臂伸直下垂，手于体侧握把，另一臂屈肘，手于肩上摇把，用力上拉拉力器。注意背部保持正直，两臂轮换做。

---

[1]　此练习也可用皮条进行，没有皮条，可用废自行车内胎代替。

练习4：练斜方肌（图2-4d）

站立，将拉力器一端固定在体侧边。一臂下垂，体侧握把，直臂耸肩尽力上拉，到最高点保持片刻。然后，尽力伸展斜方肌，使肩下垂放松，越低越好，两臂轮换做。

练习5：练背阔肌（图2-4e）

站立，将拉力器一端固定在侧上方。臂侧上举握把，屈臂下拉至胸侧，尽力收缩背阔肌，两臂轮换做。

练习6：练腰肌（图2-4f）

拉力器一端固定在正前方，体前屈，双臂伸直握把，缓缓直腰，至身体直立。注意双足不要移动，腿勿弯曲。

练习7：练肱二头肌（图2-4g）

站立，一脚踩住拉力器的一把，同侧手臂伸直握拉力器的另一把，手心朝上，屈臂向上提拉。身体保持直立不动，肱二头肌用力，手拉至肩前再缓缓放下。接着迅速上拉，使肱二头肌一直保持紧张状态。

练习8：练肱三头肌（图2-4h）

站立，躯干自然挺直。两手握把，将拉力器置于锁骨前，左手向左缓缓拉至侧平举，然后缓缓放松还原，左右手轮换做。

练习9：练股四头肌（图2-4i）

拉力器固定在身后，人蹲在高于拉力器的地面或物体上，距离与拉力器长度相当，双手背后握把，缓缓提拉到身体直立。注意躯干保持挺直，双足不动，股四头肌用力。

练习10：练腓肠肌（图2-4j）

站立，脚趾踏在一物体边沿，拉力器固定在身后地面上。直臂握把，身体直立，尽力提踵上拉，放松还原。

练习11：练习二头肌（图2-4k）

俯卧在草席上，拉力器一端固定在足后一物上，脚钩住另一端。小腿用力前拉，尽力靠向臀部。注意臀部不要抬起，放松还原。

图2-4　拉力器练习

　　锻炼时，使用弹簧的根数应随时调整，以能完成动作10次左右为宜。这样可以最大限度地增加肌肉的体积和力量，拉力器可固定在床上或同伴用脚踩着。

2.2.3 哑铃练习法

练习1：呈反弓型仰卧在草席上，头上放一软垫（枕头），双手抓哑铃上举。开始时，使用12—20千克哑铃做3次，以后每周增加1次，直至10次，然后将哑铃加重2千克，再从3次开始练习。（图2-5a）

练习2：双腿跪地，两手撑地。用宽带将4千克哑铃吊在头上，然后做抬头和低头的练习，直至颈部肌肉有酸痛感。抬头时吸气，低头时呼气。（图2-5b）

练习3：两手持哑铃自然站立，耸肩时吸气，落肩时呼气。开始用4千克哑铃，每次练10次，每周增加1次，直至20次，然后改用6千克哑铃，再从10次开始练习。（图2-5c）

练习4：两手握哑铃，屈肘，双肩做前后绕环运动。前绕时呼气，后绕时吸气。（图2-5d）

练习5：双手握哑铃自然下垂，交替屈伸两臂，自然呼吸。开始用2千克哑铃，做5次，每周增加1次，至20次，然后改用2.5千克哑铃，再从5次做起。（图2-5e）

练习6：两手正握哑铃，自然下垂。直臂上举时吸气，缓慢放下时呼气。开始练习5次，每周增加1次，至10次，然后加重2千克再做。（图2-5f）

练习7：仰卧在草席上，两臂握哑铃，上举，呼气；缓慢放回原处，吸气。开始用2—4千克哑铃练习5次，每周增加1次，至10次，然后加重2千克再做。（图2-5g）

练习8：仰卧在草席上，两手两侧分握哑铃。两臂伸直上举，呼气；还原，吸气。开始用4千克哑铃练习5次，每周增加1次，至10次，然后改用6千克哑铃做。（图2-5h）

练习9：仰卧在草席上两臂伸直放于体侧，两脚并拢，将2千克哑铃捆扎在脚心处。双腿上举90度，呼气，缓慢放下，吸气，反复练习5—10次。（图2-5i）

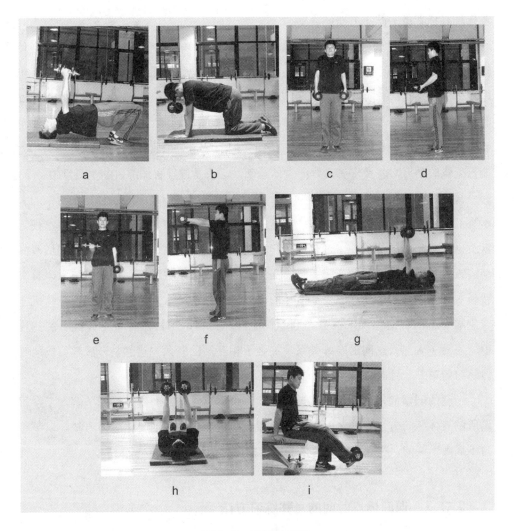

图2-5 哑铃练习法

2.3 学习场所的身体练习方法

学习场所是学生生活的主要环境之一。在大学生活中，学生至少有1/3的时光是在学习场所度过的。学习场所不仅是学习的地方，也是同学之间互相联系、交流思想的地方。在长时间的学习之外，还应该有意识地进行一些身体练习。学习场所的身体练习具有以下两个方面的意义。

首先，脑力劳动对于学生的身体健康有着多种影响，例如，长时间地读书会使新陈代谢失调，神经细胞受到抑制，感觉、知觉、记忆、思维等能力下降，以至出现身体活动能力降低、动作迟缓等现象。为了消除这些不利影响，保证大家有足够的精力去学习，开展学习场所的身体练习显得尤为必要。尤其是在科学技术飞速发展的今天，各种知识爆炸般地增长，使同学们的学习更加紧张。要想以充沛的精力投入紧张的学习，就要求有良好的身体基础，这正是进行身体练习的主要目的。

其次，开展学习场所的身体练习，有助于加强同学们之间的联系。在紧张的大学生活中，由于繁重的学习任务、特定的生活制度、学校对学习成绩的高度重视，以及创业热和出国热的冲击，隔断了学生之间的正常关系。为了恢复同学们活泼好动的天性和建立相互间的亲密关系，必须设计适应大学生学习、生活的特点，具有崭新观念和方法的运动程序表。身体的活动以其独特的方式，不仅对人的身体机能产生着有效的促进作用，而且在同学们流汗、拼搏，尽情做各种身体练习的过程中，恢复了人与人之间的友好关系，加强了相互间的联系，这就是开展学习场所身体练习的第二个目的。

亲爱的同学们，你是怎样度过课间、课余休息时间的？你是否想了解一下学习场所的身体练习方法有哪些？下面将介绍一些活泼、生动的身体练习方法。以下练习不局限于课间，在课余和宿舍内同样可以进行。

2.3.1　课间休息时间的身体练习方法

第1节："射箭"运动（图2-6a）
　　　　双臂前举与肩同高，掌心相对，双肩放松，双肘微屈。双手轻握拳，深吸气，然后把右臂慢慢往后拉，右肘弯曲紧靠身体，双肩放松。右肘尽可能往后拉，保持动作，慢数三下，想象拉弓放箭的情景。还原成开始姿势，左臂重复上述动作，做10次。
　　　　作用：促进血液循环和放松肩部、颈部肌肉。

第2节："鹰熊"运动（图2-6b）
　　　　深吸气，头慢慢后仰，双臂向两侧展开，与肩同高，双掌向上，想象

老鹰展翅的样子，下巴向上，直至眼睛看到天花板为止。保持姿势数3
下，慢慢呼气，体前屈，双臂身前抱呈弧形，下巴靠近胸部，想象熊
抱树的动作，做5次。

　　作用：放松颈肩背肌肉，振奋精神。

第3节："摘椰子"运动（图2-6c）

　　抬头，眼看天花板，双臂过头部，双臂放松，双肘微屈举起，右手尽
量往上升，同时吸气，手指尽量伸开，像摘椰子的动作。右手握成拳
后放松，同时慢慢呼气，换左手做上述动作，做10次。

　　作用：伸展颈、躯干和肩的肌肉，减轻腰部酸痛。

第4节：颈部运动（图2-6d）

　　向后慢慢仰头，吸气，眼看天花板，数三下并慢慢呼气，同时低头，
直至下巴靠近胸部，双肩放松，做5次。

　　作用：伸展肌肉，促进血液循环，消除腰部和颈部紧张。

第5节："扭麻花"运动（图2-6e）

　　右腿搭在左腿上，身体微屈，右臂伸直放在右腿外侧，右肘与膝平
行。同时，左臂尽量伸向右后背，身体扭向左边时深呼吸，同时头向
左转，右臂紧压右腿，数4下，身体转正时呼气。换左腿搭右腿重复上
述动作，随着练习熟练，可逐渐增至数10下。

　　作用：加强腰部力量，锻炼腹肌，增加柔韧性。

第6节：转肩运动（图2-6f）

　　双肩放松，双肩松垂在身体两侧，深吸气，肩上提。保持动作，数5
下，呼气，双肩下落，想象重物从手中落下，慢慢向前耸肩微绕环运
动，做5次。

　　作用：放松臂、肩和颈部肌肉，清醒头脑。

第7节：举腿运动（图2-6g）

　　右腿伸直上举，脚腕屈伸5次，放下，右脚跟下压，提右脚趾，右脚趾
下压，提右脚跟。脚趾、脚跟屈伸5次，然后换左脚重复上述动作，做
动作时背部伸直。

　　作用：锻炼腹肌，促进大、小腿血液循环，可使步伐轻快。

第8节：屈体运动（图2-6h）

右腿向前伸出，右脚跟着地，趾尖向上，深吸气，把下巴抬起，然后上身慢慢往前屈，两手顺右腿前伸，伸得越远越好，同时呼气，下巴靠近胸部，保持姿势数5下，还原时吸气。换左腿重复上述动作，然后双腿前伸，双手同时沿双腿前伸。

作用：促进血液循环，可使腰、腿肌肉放松。

第9节：摆臂运动（图2-6i）

两臂靠近身体两侧，屈肘，轻握拳，轻松地前后摆动。双臂摆动速度逐渐加快，呼吸深而有节奏，想象自己正在天气晴朗的清晨到校外跑步，下巴下落，闭上双眼想象自己在跑步中获胜。前后摆动2次。

作用：促进血液循环，消除臂、肩部肌肉的疲劳。

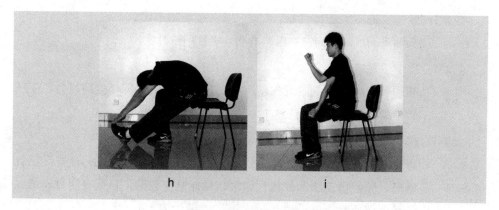

图2-6 课间十分钟体操

2.3.2 保护视力十六法

该练习是配合《大学生体育合格标准》中的视力测试项目而编写的，不仅可以保护视力，在某种程度上还可以提高视力。

第1节：摩　面

　　单手摩面，动作类似猫洗脸，按摩重点放在眉眼部。时间不必太长，以面部皮肤有微热感为度。

第2节：搓　头

　　用单手5指或双手10指的指肚搓揉发根，可使头脑清醒、眼目明亮。

第3节：击　鼓

　　用双手10指的指肚敲打前额至脑后发际的部位，对恢复视力会有较好作用。

第4节：闭　目

　　闭目养神。上课前或下课时，闭目几秒钟至1分钟，可保持视力，减少视觉疲劳。

第5节：远　眺

　　尽可能利用休息间隙，注视窗外蓝天白云或室内较远墙壁上的斑点，这样能起到调节作用，避免因眼球变形而导致视力减退。

第6节：眨　眼

　　眼睛眨动2次，然后紧紧闭目片刻，再突然把眼睁大，重复数次。

第7节：顾　　盼

头部不动，眼珠向左右眼角滑动，极目顾盼几次。

第8节：虎　　视

扭颈回头，向后看四五次，左右交替。此式不但可以提高视力，还能防治颈椎病。

第9节：瞪　　目

瞪目注视室内或室外的一个目标，目标与眼相平或略低，注视后闭目瞬息，暗想留在脑际的视觉印象。如此重复数遍，日久有明目和增强记忆力之功效。

第10节：轮　　睛

早晨醒后，先闭目转眼珠，顺逆各做数次，再睁目转数次。晚上睡下后，先睁目转，后闭目转。

第11节：熨　　目

两掌相合，做有力而无声的摩擦，直至掌发热。然后以掌熨贴两眼，并轻按眼部几下。

第12节：点　　穴

以食指或大拇指背第一关节的曲骨，重按眉目和眼周各穴位，每次取穴位一两对，轮换按数下即可。手法由轻而重，以有明显酸胀感为准，按后再轻轻抚摸一会。

第13节：掐　　眦

闭目，以拇、中两指掐住近鼻的两眦（即眼角），以食指点按在两眉中间的印堂印，把气闭住，然后三指同时操作，连点带掐，连续按掐至微闷时吐气结束，做一遍即可。

第14节：抹　　顶

手掌按住脑后项部上端发际，自上而下抹几次。

第15节：舒　　背

吸气扩胸收腹，同时头部向上顶，带动脊柱向上伸拔，然后呼气，恢复原状。

第16节：揉　　肋

先以两掌根缓慢有力地搓两肋10余次，揉肋的同时左右交替耸动两肩胛骨10余次。

2.3.3　利用椅子的练习

练习1：体侧运动（图2-7a）

　　两臂斜上举，右腿支撑，左脚放在椅子横梁上。向左侧屈体，同时屈肘，两臂置于头后，连续做八拍，然后相反方向做八拍。

练习2：收腹举腿（图2-7b）

　　坐在椅子上，两腿并拢绷直，两脚踏于地。第一拍，收腹举腿，第二拍，两腿还原，连续做八拍。

练习3：轮换举腿（图2-7c）

　　坐在椅子上，两腿伸直。第一拍，左腿绷直上举，腿部尽量靠近胸部，两手抱腿，第二拍，恢复原来姿势。两腿交替进行，连续做四个八拍。

练习4：后倒起坐（图2-7d）

　　坐在椅子上。两手扶椅，两腿绷直，两脚踏于地。第一拍，上体后倒仰卧，第二拍，恢复成直体姿势，连续做两个八拍。

练习5：俯卧撑（图2-7e）

　　两手俯撑于椅子上，两腿并拢伸直，两脚前脚掌撑于地。第一拍，屈臂俯卧，胸部接近于椅面，第二拍，两臂撑直，连续做两个八拍。

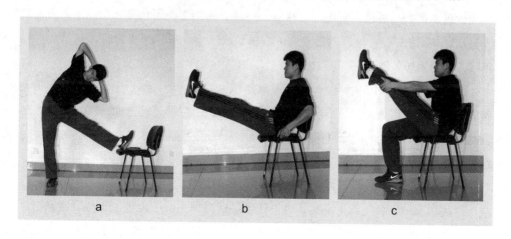

a　　　　　　　　　b　　　　　　　　　c

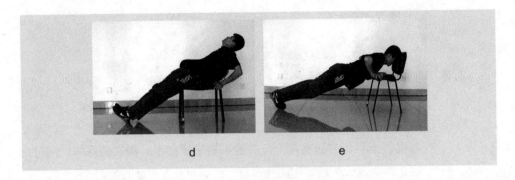

图2-7　利用椅子的练习（2）

2.3.4　利用课余时间的身体练习方法

2.3.4.1　爬楼梯、跑楼梯、跳台阶

楼梯，是学习场所中可利用的很好的运动场地。据统计，普通人用正常速度爬楼梯，每10分钟约消耗920千焦的热量。下楼的热量消耗为上楼的1/3，爬楼梯时消耗的热量是静坐时的11倍，散步的5倍，游泳的3.5倍，打乒乓球的3倍，打网球的2.5倍，骑自行车的1.6倍，慢跑的1.2倍。六层楼的楼梯跑上2—3趟，相当于平地慢跑800—1 500米的运动量。据此，同学们可根据性别、身体状况的不同，选择适合于自己的运动负荷，亦可在楼梯上进行走、跑、跳等健身练习。

（1）爬楼梯：弯腰屈膝，抬高脚步，两臂自然摆动，尽可能不抓扶手。每秒钟爬一级，爬4—5层楼，每次练习往返2—3趟。每趟之间可稍事休息一下，开始阶段每次练5分钟左右，待身体适应后，可以加快速度，每秒两级台阶，并增加往返趟数，时间为10分钟左右。

（2）跑楼梯：用30秒至1分钟的原地跑作为准备活动，然后采用正常跑步的动作跑楼梯。脚步用力均匀，前脚掌着地。先跑上2—3层楼，往返80—90级台阶，逐渐跑上4—5层楼。每趟约2—3分钟，每次锻炼不超过5趟，时间为10—15分钟。每趟间歇时间不超过2分钟。

（3）跳台阶：屈膝下蹲，弯腰背手，在台阶上逐级做"兔跳"。可逐层跳跃，每跳10—13级台阶就走下楼，也可连续跳跃，即上4—5层再走下楼。跳跃速度为每级0.5—1秒，锻炼时间不超过10分钟。

除上述方法外，还可采用单脚跳、单（双）脚多级跳和走跑交替等形式。此外，在楼梯的转弯处双手扶墙做蹬地跑或原地跑，或在台阶上做俯卧撑等，也是有效的练习方法。

为防止失足滑倒或扭伤，练习时要注意以下几点：

（1）楼梯要相对宽敞、明亮，空气新鲜。

（2）不要在有堆放物品的楼梯和转弯处锻炼。

（3）锻炼前应先活动腰、膝和踝关节。

（4）锻炼时应穿软底鞋，动作要轻缓，不要勉强做高难度的动作，不要逞强。

2.3.4.2　利用桌椅的练习方法

练习1：上下椅子（练平衡、练腿肌）（图2-8a）

　　　　站立，将一本书放在头上，将椅子放在体前。一只脚踏上椅子，另一只脚跟着踏上椅子，两腿伸直。先踏上椅子的那只脚先落地，另一只脚也随之落下。保持书不落下，反复做。

练习2：跳上、跳下（练弹跳）（图2-8b）

　　　　将两个椅子相对放好，椅背朝外，相距1米，练习者双脚站在一个椅子上。练习时，从椅子上跳下，马上再跳到另外一个椅子上，反复做。

练习3：臂支撑前后跳跃（练肩带肌和跳跃能力）（图2-8c）

　　　　练习者两臂伸直，俯撑在椅面边缘，身体伸直。练习时，双腿前后跳跃，反复做。

练习4：仰卧展腰（练背肌、臂肌）（图2-8d）

　　　　练习者两臂伸直撑地，两脚放在桌上，身体放松，呈仰撑姿势。练习时，腰、腹部用力上顶呈反弓状，再还原，反复做。

练习5：仰卧起坐（练腹肌）（图2-8e）

　　　　练习者仰卧在椅子上，双手放在头后，一人压住练习者的双脚，做仰卧起坐。

练习6：臂支撑移动（练肩带肌、臂肌）（图2-8f）

练习者两臂伸直撑地，两脚放在椅子上呈俯卧姿势（身体绷直）。练习时，两臂先向左呈弧形"走动"，再向右"走动"，反复做。

练习7：臂屈伸（练上肢肌、胸肌）（图2-8g）

将两把椅子背对背放置，距离与肩同宽，练习者两臂支撑在桌子上做臂屈伸练习。练习过程中，双脚始终腾空。

练习8：上体向后仰（练背肌）（图2-8h）

练习者腹部放在椅子上，呈仰卧姿势，一人压住练习者的双脚。练习时，练习者尽力向上抬起，再还原，反复做。

练习9：臂屈伸（练臂肌、背肌）（图2-8i）

将两把椅子面对面放置，距离与肩同宽，练习者身体绷直，双臂伸直支撑在椅面上呈仰撑姿势（上体手臂不撑地），做仰卧起坐练习。

练习10：仰卧起坐（练腹肌）（图2-8j）

练习者双脚放在椅子面上，坐在地面上呈仰卧姿势（手臂不撑地），做仰卧起坐练习。

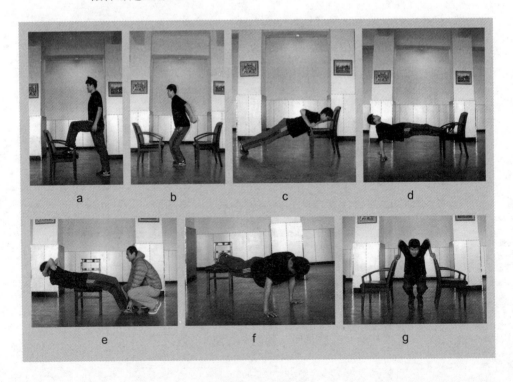

a   b   c   d

e   f   g

图2-8 利用桌椅的练习

2.4 室外身体练习方法

室外的身体练习是大学生日常生活中最基本的运动方式，它可以借助学校的体育设施，校内花园、草坪及道路等专用设施和自然环境，选择适合于自己的活动内容和运动方式。

爱好足球的同学大多数是在足球运动中获得身体练习，喜欢健美的同学是在健身房中进行身体练习。而受到场地、器材等因素的限制，又在运动方面缺少经验及基本知识的同学应该怎样做呢？请参考并亲身体验一下本书设计的内容多样、方式活泼的室外身体练习方法。

2.4.1 耐力跑

一提起耐力跑，许多同学的反应是枯燥、乏味。其实耐力素质是身体素质的重要组成部分，它是指有机体长时间工作时与疲劳做斗争的能力，耐力跑主要锻炼人体的心肺功能。世界卫生组织的材料表明，发达国家的死亡人数中有一半死于心血管病。可见，心肺功能的锻炼十分重要。心脏好似生命的"马达"，从人的胚胎开始跳动，意味着生命的开始，直至动力不足，停止跳动则生命终结。按人的心脏每分钟跳动75次计算，一天就要跳动108 000次，一年则要跳动3 942万次。同学们从现在开始就要重视心肺功能的锻炼，使心脏得到更好的休息。延长心脏的工作年限，对延长生命具有十分重要的意义。

2.4.1.1 健身跑

健身跑是一种循序渐进的锻炼方法，通过3个月的练习，使平时不愿意持久跑步的同学达到能连续跑15分钟的目标。

表2-1显示了这个阶段的练习计划，表中的"□"为跑，"○"为走。第一阶段的练习共15分钟，顺序为：跑1分钟走3分钟，跑1分钟走3分钟，跑2分钟走3分钟，再跑2分钟。

第一阶段的练习是每日1次，进行5天，而后进入第2阶段（5天为一个阶段），并且要不断提高练习内容的标准。通过6个阶段，即30天的练习，达到从第31天起能连续跑15分钟的目标。

一个阶段为5天，并不是每天都得连续进行，假如一周练习2—3次，那么一个阶段5天的练习，有两周就够了。因此，6个阶段30天的练习，达到连续跑15分钟的目标，共需要12周，即3个月左右的时间。

如果第31天能连续跑15分钟，就可以开始第7阶段的练习。在这个阶段中，要进一步提高练习内容的标准：跑15分钟，走2分钟，再跑12分钟。经过31—35天的实际锻炼，就可以冲向更高的目标——连续跑45分钟，甚至1个小时。

表2-1　健身跑锻炼计划

阶段	练习内容
第一阶段　1—5日	□○○○□○○○□□○○○□□　　　□=跑1分钟　○=走1分钟
第二阶段　6—10日	□○○○○□□○○○○□□○○○○□□
第三阶段　11—15日	□□○○○□□○○○□□○○○□□
第四阶段　16—20日	□□□○○□□□○○□□□○○○□□□□
第五阶段　21—25日	□□□□○□□□□○□□□□○□□□□
第六阶段　26—30日	□□□□□○□□□□□○□□□□□□
31日	□□□□□□□□□□□□□　跑15分钟
第七阶段　32—35日	□□□□□□□□□□□□□○□□□□□□□□□□

2.4.1.2 确定负荷法

要使耐力跑的锻炼获得效果，合理的运动负荷是关键。确定负荷即确定下面三个因素：

（1）运动频率：发展耐力时，应掌握好一定的频度，一般以每周3—5次为宜。开始锻炼时，一定按规定的时间和强度进行锻炼。

（2）运动时间：以半小时为宜，具体安排可按5—10分钟的准备活动，10—15分钟的耐力素质锻炼，5分钟的放松活动为标准。

（3）运动强度：在影响运动负荷的诸因素中，起决定作用的因素是锻炼的强度。可采用计算心率的方法确定运动强度。（见表2-2）

表2-2　运动强度测算表

强度（%）　　心率（次/分）　　年龄（岁）	16—19	20—29
100	190	190
90	175	175
80	165	165
70	150	150
60	140	135
50	130	125
40	120	110

心率的测定方法：在连续进行3分钟一定强度的运动后的10—15分钟内对心率进行测定，并计算1分钟的平均心率，再在表2-2中确定运动强度。

此外，锻炼强度还可以用速度来控制（见表2-3）。根据12分钟跑的距离推算某种强度的跑速，既实用又合理。锻炼者必须通过正式的12分钟计程跑测试——只要按照平时自己在400米跑道上12分钟所跑的距离，就可以根据表2-3来控制自己的锻炼强度。例如，你12分钟跑1 600米，以40%的强度来锻炼，跑步速度就相当于60米/分。

表2-3　根据12分钟跑距推算的跑速（米/分）

距离　　强度	40%	50%	60%	70%	80%	90%	100%
1 500	60	75	90	100	115	130	145
1 600	60	80	95	110	125	140	155
1 700	65	85	100	115	130	150	165
1 800	70	90	105	125	140	160	175
1 900	75	95	110	130	150	165	185

续表2-3

距离＼强度	40%	50%	60%	70%	80%	90%	100%
2 000	75	95	115	135	155	170	190
2 100	80	100	120	140	160	180	200
2 200	85	105	125	145	170	190	210
2 300	90	110	130	155	175	200	220
2 400	90	115	140	160	185	205	230
2 500	95	120	145	165	190	210	235
2 600	100	120	155	170	195	220	245
2 700	100	135	160	180	205	230	255
2 800	105	135	165	185	210	240	265
2 900	110	140	170	195	220	250	275
3 000	110	140	180	200	225	250	280
3 100	115	145	175	205	230	260	290
3 200	120	150	180	210	240	270	300
3 300	125	155	185	215	250	280	310
3 400	130	160	190	225	255	295	320
3 500	130	165	195	230	260	295	325

2.4.2　徒手身体练习方法

徒手练习简便易行，不受场地、器材的限制。徒手练习是以克服自身或他人的体重来达到锻炼身体的效果。

练习1：俯撑举腿臂屈伸（练上臂肌、胸大肌）

直臂卧撑预备，在屈臂的同时，两腿交替后举。

练习2：仰撑举腿（练腰腹肌、大腿肌）

仰撑预备，两腿交替上举。

练习3：侧撑开腿（练腰腹肌、大腿肌）

侧撑预备，一腿侧上举腿，两腿交换做。

练习4："虫爬"（练柔韧、协调）

直臂俯撑预备，两腿小幅度交替前移至手部，呈撑地体前屈，随后两手向前爬成预备势，连续做。

练习5：臂中行走（练协调）

俯撑预备，在两手不离地的情况下，两腿从两臂间走过成仰撑，转体180度后再做。

练习6："猩猩步"（练柔韧、协调）

直臂直腿或弓身俯撑预备，同侧臂和腿同时向前行走。

练习7："兔跳"（练协调，治心血管病）

蹲撑预备，两臂、两腿交替同时向前跳。

练习8：弓步交换跑（练习协调，锻炼心血管）

双手撑地弓箭步预备，两腿交换"跑"。

练习9：俯撑推手呈分腿前屈（练协调）

俯撑预备，迅速推手的同时，两腿分腿前移成体前腿，两臂侧平举。

练习10：仰撑跳跃（练习大腿肌，练弹跳）

一人分腿仰撑，一人并腿面对站立其间，预备，随口令同时做动作，仰撑者并腿，直立者跳起分腿骑跨其腿上，连续做。

练习11："漩涡"（练平衡）

两人脚尖相对，直臂拉手，稍呈仰立状，沿一个方向旋转。

练习12："织布机"（练下肢力量）

两人（排）面对站立，随口令交替蹲立。

练习13：对足弓（练协调、踝关节力量）

两人面对面站立，同时做单足交换跳，并对足弓。

练习14：单足转体跳跃（练髋关节灵活性）

两人面对拉手，连续做单足交换跳，同时转体，将摆动腿越过支撑腿后方，两人对足弓（类似踢毽子中的"别子"）。

练习15：弓步交换跳（练下肢力量，练协调）

两人弓步拉手预备，同时做弓步交换跳。

练习16：仆步交换跳（练下肢力量，练协调）

两人仆步拉手预备（同侧、异侧均可），连续做仆步交换跳。

练习17：单足蹲撑交换跳（练下肢力量，练协调）

两人面对面拉手，一腿蹲撑，一腿向前伸出，连续做交换跳。

练习18：前后交叉步跑（练髋关节灵活性，练踝关节灵活性，练踝关节力量）

两人面对面拉手，同时做前交叉步接后交叉步的侧方跑（熟练后，可一侧拉手，一侧背手，向背手方向跑动，颇具舞姿）。

练习19：单足跳跃（练下肢力量，练弹跳）

两人互相体侧抱住右（左）足跟，一手互拉，向前或圆形跳动。

练习20：双足跳跃（练下肢力量，练弹跳）

两人面对面拉手，同时向同侧或异侧往返跳跃，或原地轻跳，用力跳起两人空中换位后落地，连续进行。

练习21：角力（练上肢肌）

两人面对面站立，两脚自然开立，上体微微前倾，两人手指交叉相握。两人轮流做对抗性的屈、伸手臂练习。

练习22：双人互背（练腿肌和背肌）

两人背对背站立，两臂互挽，两人交替做体前屈背起对方的练习。

练习23：互背（练习胸大肌、肩带肌）

两人背对背站立，两手相握上举，做体前屈背起对方，交替进行。

练习24："骑马"（练腹肌、背肌）

一人跪撑，另一人坐骑于其背上，两脚钩住其腋窝，做体后屈动作，两人交换做。

练习25：协力跳（练腿肌，练弹跳）

两人背对背臂互挽，同时下蹲，上体正直，起立，反复做。或两人同时前后跳跃。

练习26：负重下蹲起（练腿肌）

一人坐在一人的颈部，试着站起来，再蹲下，可扶物以保持平衡，交换做。

练习27：负重抬头（练颈部肌、背阔肌）

一人跪撑，一人站在其前方，两手放在其头上，并给予一定的压力。使其在克服阻力的情况下将头平稳地向上移动，再用力向上抬起，交换做。

练习28："推小车"（练上肢肌、腹背肌）

一人跪撑在地，另一人抓住其双脚（注意脚的位置越高，抓脚的部位越远，完成动作的难度越大）。用手支撑向前爬行，交换做。

2.4.3　利用器械的练习方法

利用器械进行身体练习，就是要充分利用学校的体育设施或者学习、生活用品以及花园、草坪、道路等自然场所从事身体练习，达到锻炼身体、增强体质的目的。

2.4.3.1　提高弹跳力的练习

跳跃练习是增强大学生身体素质（速度、力量、灵巧和协调性）的重要手段。现介绍以下几种跳跃练习的方法：

练习1：屈膝，两腿原地向上跳135—140次（可一步助跑跳起，也可跳起后转体改变身体方向）。

练习2：双腿连续跳越实心球（或书包）。

练习3：2—4步助跑，用摆动腿的脚尖踢悬挂的标志物。

练习4：单腿向前跳。

练习5：2—4步助跑，低高度做跨越势跳高。

练习6：深跳练习。从25—45厘米高的地方（跳箱盖或高台阶）跳下，然后双腿连续跳过5个实心球（或书包），球的间距为1米。

练习7：深跳练习。从25—45厘米高的地方跳下，然后连续跳过3个实心球，最后跳过40—60厘米高的橡皮筋。

练习8：两腿分开站立在两条体操凳上，两腿跳下，并拢，再跳上，还原。

练习9：深跳练习。从高25—45厘米的地方跳下，然后连续跳过3个实心球，最后向上跳起，两手摸悬挂的标志物（标志物高度为160—200厘米）。

练习10：单腿深跳练习。单腿从高为15—30厘米的地方跳下，然后连续跳过3个实心球，两腿轮流完成。

练习11：一只手扶着椅子或者墙壁做单腿下蹲。

练习12：双臂用力向前上方摆动，同时做半蹲跳。

练习13：手扶肋木或墙壁做前踢腿、后踢腿、侧踢腿。

练习14：两腿站立做体前屈和体后屈。

练习15：做换腿跳（剪绞动作）。

练习16：摆动腿在前，踏跳腿在后，向前跳起，同时两臂用力向前上方摆出，踏跳腿着地。

练习17：摆动腿蹬离体操凳或台阶，踏跳腿着地并向前上方跳起，双臂用力向前上方摆。

练习18：加速跑。要求上、下肢协调配合，动作轻松。

练习19：正面助跑，跳越一定的高度，踏跳腿着地。

练习20：1—2步助跑，跨越低横杆。

练习21：连续做3—4步助跑（或走），向前上方跳起。

练习22：双腿来回跳越15—20厘米高度物。

练习23：双腿向前连续做半蹲跳。

练习24：原地向上跳，每分钟跳45—65次。

2.4.3.2　健美练习

坚持健美练习，可有效地增强身体各肌肉群，促进体型健美。现介绍一套适合青年的健美练习方法。该练习分3个部分，3—4个月完成全部练习。每天或隔天做一部分，每做完两节稍事休息一下再继续做（做前应注意进行热身活动，初练者应注意负荷，稍有疲惫或不适感即应减轻负荷和练习强度）。

1. 第1部分（图2-9）

（1）头朝下仰卧在45度的斜板上，两脚固定，屈膝，双手交叉置脑后，上体尽量抬起，胸部触膝，还原。重复10次为一组，做4组。（图2-9a）

（2）头向上仰卧在45度的斜板上，两手抓紧斜板边缘，两腿并直，尽量抬起。重复10次为一组，做4组。（图2-9b）

（3）两手握单杠呈悬垂势，握距宽于肩，做引体向上，后脑勺触杠。最多重复做5次。（图2-9c）

（4）两手握杠铃，握距宽于肩，向上推举杠铃，还原。重复8次为一组，做6

组。（图2-9d）

（5）头向上仰卧在45度的斜板上，两手握杠铃，握距适中，向上推举杠铃，还原。重复10次为一组，做4组。（图2-9e）

（6）头向上仰卧在45度的斜板上，两手持哑铃置于胸前，两臂侧平举，还原。重复10次为一组，做4组。（图2-9f）

（7）仰卧在长凳上，两手握哑铃上举。重复6次为一组，做4组。（图2-9g）

（8）横向仰卧在长凳上，两手持哑铃置于胸前，两脚着地，肩胛骨触凳，两臂举向头后，还原。重复10次为一组，做4组。（图2-9h）

（9）站立，上体前倾，两手握杠铃，握距适中，将杠铃提至腹部，还原。重复10次为一组，做5组。（图2-9i）

（10）站立，上体前倾，两手持哑铃下垂，屈体，两臂后举，还原。重复10次为一组，做5组。（图2-9j）

（11）坐地两脚前伸，双手握皮条，将皮条拉向腹部，还原。重复10次为一组，做4组。（图2-9k）

（12）站立，屈体，右手持哑铃下垂，左手扶凳，右手尽量向上提起，还原，换手做。重复10次为一组，做4组。（图2-9l）

a　　　　　　　b　　　　　　　c　　　　　　　d

e　　　　　　　f　　　　　　　g　　　　　　　h

i   j   k   l

图2-9　健美练习（第1部分）

2. 第2部分（图2-10）

（1）重复第1部分的第（1）节动作。

（2）重复第1部分的第（2）节动作。

（3）坐在凳上，两手头后握杠铃，握距宽于肩，向上推杠铃，还原。重复8次为一组，做五组。（图2-10a）

（4）两腿分立，双手持哑铃，两臂侧下举，还原。重复8次为一组，做五组。（图2-10b）

（5）坐在凳上，两手持哑铃下垂，两臂前平举，还原。重复8次为一组，做四组。（图2-10c）

（6）站立，屈体，两手持哑铃下垂，两臂侧平举，还原。重复8次为一组，做四组。（图2-10d）

（7）仰卧在长凳上。两手握杠铃置胸前，握距稍窄，推举杠铃，还原。重复10次为一组，做五组。（图2-10e）

（8）坐在小凳上，双手持哑铃，两臂伸直，肘部抵膝盖，两臂轮流弯举，还原。重复10次为组，做五组。（图2-10f）

（9）站立，两手握杠铃，掌心向内，屈肘将杠铃提至肩部，还原。重复10次为一组，做五组。（图2-10g）

（10）重复第（9）节动作。

（11）两腿分立，屈臂，将皮条固定在身后，两手握皮条置于胸前，两臂向前伸直，还原。重复10次为一组，做五组。（图2-10h）

（12）重复第1部分第（1）节动作。

（13）重复第1部分第（2）节动作。

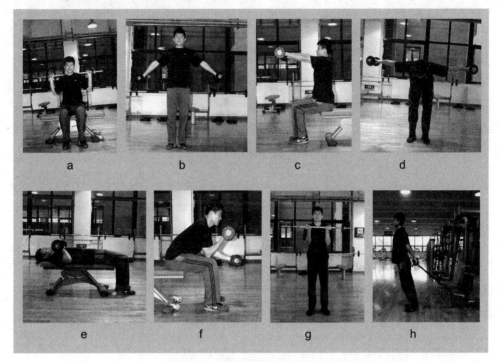

图2-10 健美练习（第2部分）

3. 第3部分（图2-11）

（1）重复第1部分第（1）节动作。

（2）重复第1部分第（2）节动作。

（3）重复第1部分第（3）节动作。

（4）半蹲，两手握杠铃，掌心向外，将杠铃提至肩部，还原。重复6次为一组，做八组。（图2-11a）

（5）坐在椅子上，在脚面或小腿部固定一重物。两手扶椅，伸腿、屈腿。重复10次为一组，做六组。（图2-11b）

（6）仰卧在长凳上，两臂放体侧，手扶凳，在脚掌或小腿部固定一重物，两腿弯曲、伸直。重复8次为一组，做六组。（图2-11c）

图2-11 健美练习（第3部分）

2.4.3.3 利用球的练习方法

利用球的练习不仅可锻炼身体，还能提高练习的乐趣。

1. 实心球练习

练习1：转　　体

两臂伸直，双手持球，朝左侧做环状转体，再向右侧做环状转体。

练习2：直立掷球

两脚开立与肩同宽，双手持球，手臂伸直过头呈反弓形，将球掷出，腿保持伸直。

练习3：坐姿掷球

两腿并拢伸直，呈坐姿，手臂伸直，双手持球过头，向前掷球。

练习4：举　　腿

两腿伸直仰卧在垫上，两踝夹球，两脚慢慢过头，腿保持伸直，背部着垫。

练习5：向上抛球

两腿开立与肩同宽，两手持球向上抛球。

练习6：仰卧起坐

仰卧在垫上，两腿稍分开，手臂伸直，手持球慢慢坐起，将球放在两腿之间再躺下，夹球做仰卧起坐。

练习7：单　臂　举

　　单手持球，呈站立姿势，向上推起，反复做。

练习8：提起抛球

　　俯卧在垫上，两腿伸直，双手持球（同时两腿放下），向前上方把球
抛起，反复做。

练习9：后　抛　球

　　双脚开立与肩同宽呈直至姿势，双手持球在大腿处，下蹲，然后将球
过头后抛。

练习10：模仿掷铁饼

　　双脚开立与肩同宽，双手持球手臂伸直，带球向异侧肩方向做类似掷
铁饼的动作。

2. 利用球的综合练习

此练习可用篮球、足球或排球，在垫上或草皮上进行练习均可。（图2-12）

练习1：球钻空（练背肌、腿肌、耐力）（图2-12a）

　　仰卧在草坪上，肩、脚支撑，髋关节上顶，呈反弓姿势，两手将球在
身下来回滚动，反复做，持续5分钟。

练习2：踩球（练平衡、腿肌）（图2-12b）

　　将球置于地上，练习者一脚踩在球上，另一只脚随后也踩到球上，先
踩上去的那只脚先下来，另一只脚接着下来，持续1分钟。

练习3：停球摆腿（练腹肌）（图2-12c）

　　练习者坐在草皮上，两腿并拢、伸直，将球放在腿的侧面，举腿越过
球，再举腿还原，反复做。

练习4：用脚接球（练腹肌、腿肌）（图2-12d）

　　练习者坐在草皮上，两手撑地，用脚夹住球，向上抛，再用脚接住
球，反复做。

练习5：在身体周围转球（练臂肌、胸肌）（图2-12e）

　　练习者手、脚支撑，呈俯卧撑姿势，一手将球从身体下滚到身体一

侧，立即呈腹撑状，用手将球从腰部滚到身体另一侧，反复做。

练习6：在腿周围转球（练腹肌）（图2-12f）

练习者坐在草皮上，两腿并拢举腿（腿伸直、弯曲均可），用手将球在小腿部做绕环运动。

练习7：在身上滚球（练背肌）（图2-12g）

练习者俯卧在草皮上，两腿并拢、伸直，将球放在腿上。练习时，两腿翘起，使球滚到腰部，再立即抬起上体，使球滚到腿部，反复做。

练习8：在腿上滚球（练腹肌）（图2-12h）

练习者坐在草皮上，两手撑地，两腿并拢伸直，将球放在脚背上。练习时，两腿抬起，使球滚到腹部，两腿放下，使球滚到脚背上，反复做。

练习9：向上投球（练弹跳、灵敏）（图2-12i）

此练习与篮球中跳起投篮一样，投球时，要使球垂直向上，接球时，必须跳起在空中将球接住，反复做。

练习10：背身接球（练协调、灵敏）（图2-12j）

练习者直立，双手将球向上抛起，双手迅速在身后接球，反复做。

练习11：后抛前接球（练协调、灵敏）（图2-12k）

练习者两脚开立，体前屈，双手从两腿之间将球向上抛起，身体迅速直立，双手接球，反复做。

练习12：跳球（练全身协调力量）（图2-12l）

练习者俯卧撑在草皮上，将球放在体侧。练习时，全身协调用力，从球的上方跳跃到球的一侧，再跳过来，反复做。

练习13：挟球翻转（练腹肌、背肌、腿肌）（图2-12m）

练习者坐在草皮上，两腿伸直，用脚夹住球向后翻转，使球触到身后地面，再翻转回来，反复做。

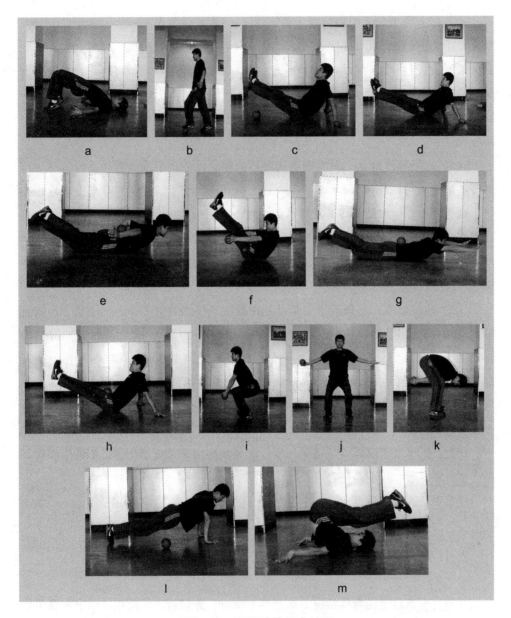

图2-12　利用球的综合练习

3. 利用球的练习游戏

（1）三球赛：这是一种妙趣横生的新颖健身球赛，参赛人数可多达30人。场地自由选择，用网或绳子居中隔开，高度为一人加一臂，不标界线，双方人数相等，10—15人皆可，无固定位置。各队设队长1人，计分员1—2人，专司计分和裁判工作。比赛用3只球（排球、篮球或足球均可），记分员鸣笛，比赛开始：由一方队长连续将3球发往对方。接球可以手拍、头顶和膝颠。但不得脚踢。三球陆续落地，失1分，反之得1分（球不得在网或绳下穿过）。比赛分上、下半场，各为10—15分钟，下半场双方交换场地比赛。赛终如不分胜负，再交换场地比赛，连得两分者获胜。

（2）拍网球：这是二对二或者四对四的游戏，使用手球或者弹力好的球进行比赛，场地大小约16米×8米，在中央线上拉绳或者放上长凳来区分双方场地。在确定谁先进攻以后，就从场外发球开始游戏，用手向地面上拍球，使球在地面上跳起弹到对方一边，一个人只许拍1次，必须在3次以内把球拍到对方的场地内。如果没有把球拍过去，或者在同一队内拍球超过3次，或者把球拍出场外，都要给对方加1分，一局21分。

（3）地滚球赛：选择较平的草坪，根据游戏者人数的多少画一个长方形的场地，场地两头各用砖头（或用其他标志物）设置两个球门。把游戏者分成人数相等的两组，队员们分别在各自半场上呈跪撑姿势，在中心圆圈内，各组出一个人准备争球。裁判员站在圆圈中心持球向上抛起，待球落地比赛开始，争得球的一方采用单手拨地滚球的方法互相传递并设法射门，在规定的时间内射门得分多的一方获胜。

规则：①游戏者必须双膝接触地面；②球只许用单手滚动传递，不许用脚踢，不许拿起和抛起；③不许有意撞、拌、摔对方。

注意事项：根据所设球门大小决定要不要守门员。

2.4.4 循环式练习

练习者根据自身的身体情况，选择若干练习，分设若干作业点，要求在每个作业点上，完成规定的内容和任务，然后再转至下一个作业点，如此循环往复练习，能有效地增大练习密度和运动负荷，激发兴趣，提高机体能力。

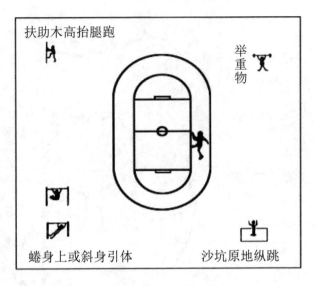

图2-13　循环练习1（运动场练习）

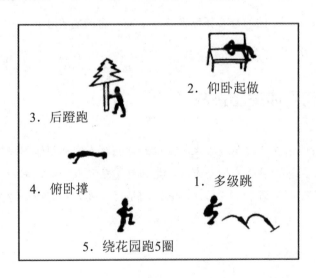

图2-14　循环练习2（花园练习）

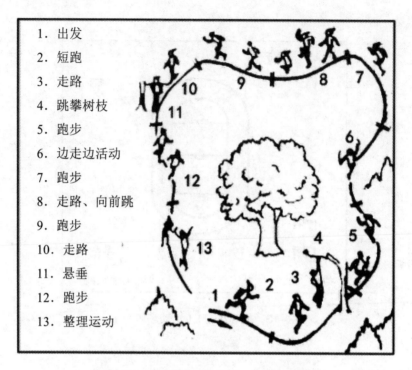

1. 出发
2. 短跑
3. 走路
4. 跳攀树枝
5. 跑步
6. 边走边活动
7. 跑步
8. 走路、向前跳
9. 跑步
10. 走路
11. 悬垂
12. 跑步
13. 整理运动

图2-15　循环练习3（广场、公园的练习）

2.5　向身体提出挑战

克服自身的惰性，提高健康水平，以旺盛的精力去从事学习、生活，就是向身体提出挑战。而这种挑战的最好方式就是通过不断完成一些练习内容，并进行长期的积累，逐步提高健康水平。另外，通过制定运动处方、完成处方内容以及修订处方也是一种向身体挑战的有效方法[1]，[2]。

---

[1]　胡英清.大学生身体锻炼运动处方研究[J].体育学刊，2000（05）.

[2]　吴筱珍，陈云天.运动处方的概念及相关研究[J].淮北师范大学学报（自然科学版），2012（02）.

2.5.1　身体练习螺旋卡片

螺旋卡片的方法很简单，是一种向自己身体挑战的游戏。如图2-16所示，在一张明信片大小的卡片上，有螺旋状的百分格。在卡片的一侧，标示有十五种练习内容。您可以从中自由地选择某项活动，如果能在规定的时间完成，就将该项活动的英文符号计入分格。

标示练习内容的同时标示各项练习的时间及其符号。例如：某一天进行了耐力跑20分钟，就把它记入一个分格中。填满这一个百分格就是您的努力目标，这是一种自我比赛的方法，看看用多少天才能填满分格。还可以在同学之间进行比赛，看谁得分多，或者通过一段时间的比赛，看谁先填满分格。

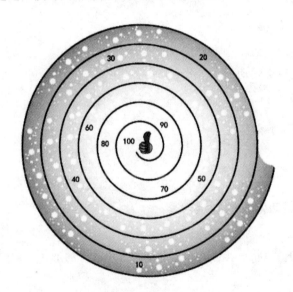

图2-16　螺旋卡片

2.5.2　十五种身体练习内容

1. 20 分 钟

（1）耐力跑（中途可以走，但时间不计其内）

（2）增强力量的练习（要具有充分的强度）

2. 15 分 钟

（3）徒手练习

（4）利用桌、椅等的练习

（5）利用体育器械的练习

（6）爬楼梯、蹬台阶

3. 30 分 钟

（7）游泳（不包括中间休息时间，按实际游泳时间算）

（8）足球

（9）篮球

（10）排球

（11）羽毛球

（12）网球

（13）其他球类活动

4. 15 分 钟

（14）速度、弹跳练习

（15）循环练习

2.5.3 运动处方的制定

针对自身的健康状况、体力和运动能力，用处方的形式制定出的锻炼计划，称为运动处方。

运动处方如同医生开药一样，要对症下药。因此，在制定运动处方之前，要对自身进行体质测定。通常是在两种情况下进行体质测定：第一是在参加身体练习之前，为了解自身体质状况而进行的体质测定，程序是：经医生检查确诊身体健康→参加体质测定→根据体质测定判断体质优劣→根据体质状况制定运动处方；第二是为了了解练习效果而进行的体质测定，程序是：直接参加体质测定→根据体质测评判断体质增强的效果→根据练习效果提高的程度有针对性地制定运动处方。

一份完整的运动处方应包括运动的种类和方式、运动负荷（运动强度、运动量）、运动时间和次数以及注意事项。

1. 运动种类

增进健康或改善心脏功能，宜选择以有氧代谢为主的快步走、耐力跑、游泳、骑自行车等耐力运动。练肌肉，宜选择哑铃、拉力器、皮条等克服自身体重力的力量性练习。

2. 运动强度

应选择最适宜自己的运动强度，强度过大不安全，强度过小达不到锻炼的目的。因此，处方上要写明应达到的强度、有效和较安全的强度以及不应超过的强度。运动强度的表示方法很多，最简易的方法可通过心率来表示。力量练习的强度必须注意负荷的不同重量，现介绍一些运动负荷的推算方法。

（1）简易法：锻炼时最佳心率＝（最高心率－安静时心率）×70%＋安静时心率；最高心率＝220－年龄数。

例如，某人今年20岁，安静时心率为70次/分，那么，正常情况下他锻炼时的最佳心率＝（220－20）×70%＋70＝161次/分。

最适宜负荷＝（本人最高脉搏频率－运动前安静时的脉搏频率）×2＋运动前安静时的脉搏频率。

（2）卡沃南法：锻炼时心率＝（最高心率－安静时心率）×X%＋安静时心率。（X%：老年人为50%，中年为60%，少年为70%，青年为80%。）

（3）阶段变换法：分阶段进行锻炼，每阶段为8周，共分为三个阶段，各个阶段有不同的负荷要求。第一阶段最佳心率＝（220－年龄）×60%；第二阶段最佳心率＝（220－年龄）×70%；第三阶段最佳心率＝（220－年龄）×80%。

（4）博格法：美国生理学家博格设计的一种体力自我感知表（简称RPE表），即指数6、7为非常轻松；8、9为很轻松；10、11为轻松；12、13为稍累；14、15为累；16、17为很累；18、19为精疲力竭。

利用"RPE"表，锻炼时可凭自我感觉控制自己的心率，并根据心率调整负荷，具体方法有两种：①"RPE"表中6—13段用数码乘以10加20或30；②"RPE"表中14—19段用数码乘以10加10。

例如，锻炼时自我感觉累，在表中与累相对应的数字是14、15，乘以10再加10，那么此时的心率即为150—160次/分。一般来说，最佳心率阈值在120—150

次/分即是自我感觉稍累和累的时候。

（5）指数法：在运动过程中每隔2或3分钟测一次脉搏，直到运动结束。然后把每次脉搏数加起来，除以测定的次数，求出平均脉搏数，再求出负荷指数，最后加以评定。负荷指数＝平均脉搏数＋运动前安静时脉搏数。

例如，某人安静时脉搏数为75次/分，锻炼10分钟，分别测得第2、5、7、10分钟脉搏为114次/分、138次/分、168次/分、132次/分，平均脉搏数为135次/分［（114＋138＋168＋132）／4＝135］。运动负荷指数为1.8（135／75＝1.8），查表评定运动负荷为大或最大（见表2-4）。

表2-4　运动负荷等级评定表

指数	运动负荷等级
2.0—1.8	最大
1.8—1.6	大
1.6—1.4	中等
1.4—1.2	小
1.2—1.0	最小

运动量恰当与否，是影响练习效果的关键。运动量是由运动时间、运动强度和速度等几种因素构成的，其中运动强度是核心，因为它对机体的影响最大，一般情况下都采用中等强度进行锻炼。

3. 运动时间和次数

每次运动的时间应该根据各人的具体情况来掌握，并和运动强度相搭配（见表2-5）。一般至少10—15分钟，最长不超过一个小时。运动强度和时间的关系十分密切，如耐力锻炼，心率高于150次/分的强度至少要运动5分钟才有效，这是有氧代谢供肌肉收缩所需的最短时间，若心率低于150次/分，则运动时间需延长到5分钟以上。

每周运动的次数和总运动量有关。运动量大时，间隔时间宜长些，一般是每日或隔日练一次，一周3—5天。锻炼的间隔时间超过3天，锻炼的效果便降低。

表2-5　运动强度与运动时间的配合（强度单位：占最大吸氧量的百分数）

运动时间（分） 运动强度	5	10	15	30	60
高	70%	65%	60%	50%	40%
中	80%	75%	70%	60%	50%
低	90%	85%	80%	70%	60%

表2-6　运动处方

姓名：　　　　　　性别：　　　　　　年龄：　　　　　　日期：

诊断：

机能试验结果：

安静时心率：　　　　　　　　　　最大负荷时心率：

练习的目的要求：

运动项目：

运动强度：

心率控制：

每次联系的时间：

每周（或每天）的次数：

注意事项：

第三章　《大学生体质健康标准》体力测试项目的锻炼方法

体者，载知识之车而寓道德之舍，无体是无德智也。

——毛泽东

3.1　50米跑的锻炼方法

3.1.1　50米跑技术

全程保持身体稍微前倾（但不至于跌倒），不要弓腰。前倾角度越大，速度越快。

（1）体姿：跑步时，背部挺直，全程（包括脚踩地时）保持双膝微屈。跑步时，头顶所处的高度应当比平时站立时的高度低2.5厘米左右。

（2）步幅要小：单脚落地时，应当处于身体下面，而非前面（步伐过大时，前脚会处于身体前面）。步幅越大，身体的平衡感就越差；相反，步幅较小，双脚更接近身体核心部位，才能更好地发力，跑起来也更稳健。

（3）脚前掌着地：一开始，只用脚掌着地，如果脚跟触地，会导致身体遭受最大的地面冲击力，从而妨碍向前奔跑，正如"刹车"原理一样。

（4）节奏要快：每分钟需换腿180—190次。随着体能的增强，如想跑得更快，可以在此基础上进一步加快换腿的节奏。记住：单脚触地的时间越长，身体丧失的动能就越多。

（5）"戒踩地、应飞起"：这是最难掌握的一环，单脚触地后，另一条腿应在肌腱收缩的同时，笔直地向臀部方向自然地"飞上去"，就像橡皮圈向上回弹一样。注意：脚趾不要发力，应把注意力集中在股四头肌和小腿肌肉上，利用它们的力量飞起后腿。

（6）蜻蜓点水：一脚着地另一脚在飞起时，不要用力上翘，应该轻轻飞起，高出地面约20厘米。

（7）自然落下：单脚离开地面后应向后自然扬起，不要像触地的一只脚一样向前冲，摸索那种在空中翱翔的感觉，身体随着重心自然前移。离地的那只脚在空中的运动轨迹应呈一条自然的弧线，然后像一条垂线般自然落下。

3.1.2 50米跑的练习方法

高抬腿跑可以增强大腿前群肌肉力量和髋关节韧带的柔韧性，发展小腿肌肉力量和膝关节的灵活性，提高动作频率，从而提高短跑速度。

（1）快慢交替小步跑。缩小跑的动作幅度，加快动作频率。方法：①快慢节奏变化练习；②逐渐过渡到加速跑练习，练习距离60—80米。要求：上下肢动作协调放松，快频率，前脚掌积极扒地。

（2）原地快慢交替摆臂。摆臂不仅能维持跑动中的身体平衡，促进支撑腿的后蹬，同时也促进腿的摆动频率。方法：原地站立，听击掌信号做练习。击掌要有快慢节奏，一般是"慢—快—慢"。每次练习2—3组，每组15—20秒。要求：肩关节放松，有耸动感，前摆时注意向前用力。

（3）高抬腿跑。增强大腿前群肌肉力量和髋关节韧带的柔韧性，提升小腿肌肉力量和膝关节的灵活性，提高动作频率。方法：①原地或支撑练习，定时（10—15秒）或定次（50—60次）；②行进间练习：从慢到快，逐渐过渡到途中跑（亦可加信号节奏）；③原地负重（轻沙袋系于小腿上部）练习，定时（10—15秒）或定次（50—60次）。要求是大腿与躯干成直角，支撑腿蹬伸充分，提高重心，防止上体前倾或后倒。

（4）交换跳步推举轻杠铃。发展上下肢的协调用力。方法：原地进行，定时（20—30秒）或定次数的成组练习。要求：循序渐进，要有一定的速率。

（5）牵引跑。改善动作频率，提高刺激阀限。方法：跟随跑、下坡跑或顺风跑，练习距离在20米左右。要求：以最大努力做练习。

（6）后蹬跑。发展腿部力量，改善用力顺序。方法：①支撑练习，定时（15秒左右）或定次（60次左右）成组进行；②负重支撑练习，小腿负重，定时（15秒左右）或定次（60次左右）成组进行；③60—80米练习，提高练习质量为主。要求：上体稍前倾，髋、膝、踝关节充分蹬伸，尽量打开两大腿的夹角。

（7）专门性跳跃。发展腿部爆发力和弹跳力。方法：①立定跳远和多级跳远；②蛙跳；③各种距离的跨步跳（跑），如80—300米，均采用成组练习，长距离练习可安排在练习的后段。要求：注意用力顺序及爆发用力。

（8）上坡跑发展腿部力量。方法：成组练习，每组间休息2—3分钟，坡度越陡，则距离应越短。要求：保持正确动作。

（9）杠铃练习。加强训练强度，提高腿部爆发力。方法：①大重量深蹲起，成组练习，每组次数不宜过多；②中等重量跨步走，成组练习，距离不宜过长。要求：髋、膝、踝关节充分蹬伸。

3.1.3　影响50米跑成绩的因素

速度能力是指运动员保证在最短的时间里完成动作的综合性能力。速度分简单和综合表现形式。简单的速度形式表现为：单一和复杂动作的反应潜伏期——在外界阻力不大的条件下，完成单个动作的速度和动作频率。所有表现速度的简单形式都是固定的，取决于两个主要因素：神经运动机制活动的高效率和快速调动运动功能因素的能力。

第一个因素通常是遗传性的，很难得到提高。例如，没有接受专门训练的人的简单反应时间通常在0.2—0.3秒波动，而一个训练有素的运动员的简单反应时间也只有0.1—0.2秒。因此，在训练过程中发射时间通常不可能提高超过0.1秒。

第二个因素受训练的影响，目的是发掘速度简单形式的主要潜在力，主要训练运动器官完成既定条件下的动作任务和掌握合理的肌肉协调性。

简单形式表现出的快速，总体上表现为与其他运动素质和技术机能的结合，保障了在复杂动作中表现出综合速度的能力，它在不同运动项目的训练和比赛中各具特色。这些能力可列入综合性表现，例如，达到很高的途中运动速度、善于快速集合起动速度、以很快的速度完成比赛所要求的动作。

神经系统的灵活性（在不同的单个神经系统中兴奋和抑制过程完善的反应）和神经——肌肉协调性是速度能力最主要的前提之一。肌肉组织的特性影响速度能力的程度取决于不同肌纤维的比例、弹性、伸展长及深层、表层肌肉协调性水平。

运动员所表现的速度能力主要与力量水平、柔韧性、协调能力紧密相关，与运动员的技术水平有关，与快速调动和无氧乳酸能量合成供应的生化机制能力和生理方面的肌肉类型有关。

速度简单形式在当今运动中包括三种独特的速度训练方式：非周期性——其特点是一次性表现出爆发性集中用力；起动的加速——表现为在最短的时间里从静态快速增加速度达到最大速度指标；途中速度——指保持已获得的速度转入途中。

非周期性运动的速度和起动加速的实效性在很大程度上取决于综合性力量和速度的最高强度水平。表现的强度决定于发展高强度的力量素质（动力性的速度和速度性力量）、速度素质（反应时间、单个动作的时间）及在完成具体动作条件下其综合性反应能力。

必须明白，在许多运动类型中，运动速度的三种方式（非周期性的、起动后的加速、途中速度）不是作为单纯类型出现，而是以复杂的结合方式出现。例如，200米跑，出现的方式有起跑后的加速跑和途中跑；50米游泳有非周期的起动和途中游进；而在球类运动中所有方式都会出现。因此要求在制定发展速度素质的方法时，针对性地考虑具体的运动项目。

3.2 立定跳远的锻炼方法

3.2.1 场地设备

在沙坑旁约1.5米左右画一起跳线，起跳线附近区域应与沙坑在同一平面上，考生应在规定的标志线后起跳。

3.2.2　动作规格

双脚站在起跳板上起跳，身体任何部位不得触线，原地双脚起跳，双脚落入沙坑。动作完成后向前走出测验场地，测验时不准穿钉子鞋。

3.2.3　立定跳远的技术

双脚开立约与肩同宽，预摆时双臂前上举，提肩、提腰、提踵。为了形成良好的跳前姿势，两臂经体侧向下、向后方摆动的同时屈膝屈髋，身体重心随之下降，整个身体好像压紧了的弹簧一样。起跳时双臂快速由后下方经体侧向前上方摆动，同时提肩提腰，充分伸展上体，双腿用力蹬地，蹬离地面的瞬间将髋部向前送，髋、膝、踝三关充分伸展。腾空后人体在空中呈一斜面，落地前，高抬大腿前伸小腿，双臂向体后摆动，双脚着地的同时双臂及时前摆，带动上体快速跟进，使身体重心移动过落地点，形成前跪的落地动作。

3.2.4　练习方法

（1）原地模仿练习：双臂向前摆动时，顶肩提腰并带动髋、膝、踝三关节充分伸展。

要求：以摆带蹬，蹬摆结合，以头带肩、带躯干向上伸展。

（2）小幅度轻跳练习：双臂摆动，上体稍前倾，带动身体向前上方轻轻跳起，前伸小腿落进沙坑。

要求：体会技术要领，落地时重心跟进要快，防止后坐。

（3）直体跳：身体直立，以手臂的摆动带动下肢的蹬伸向前上方跳起，落地前抬大腿，用全脚掌滚动着地，连续向前跳。此练习最好在草地、沙坑或垫子上进行。

要求：双臂经体侧有力摆动，重心不能明显下降，蹬摆用力协调。

（4）原地双脚跳越障碍：距起跳点前80—100厘米处设置一条高为30—40厘米的橡皮条或实心球，练习者双脚起跳越过障碍。

要求：向前上方跳起，使身体有一定的腾空高度。

（5）连续跳过叠放的实心球：两实心球的间距约为100厘米左右。

要求：上下肢协调配合，向前上方用力。

（6）深跳练习：从50厘米左右的高度跳下。

要求：空中展体，举腿收腹，动作幅度大。

（7）跳起"坐垫"练习：原地向前上方跳起后，高抬大腿前伸小腿，坐在垫子上或松软的沙堆上。

要求：向前上腾起，大腿尽量高抬，伸小腿要及时。

（8）落地后"前跪"练习：立定跳远落进沙坑，重心快速前移，提踵，两腿前跪。

要求：落地后不能急于提高身体重心，要快速前移重心，双腿前跪，保持身体平衡避免后坐。

（9）立定跳远的完整技术。

要求：起跳积极有力，上下肢协调摆动，动作幅度大，落地身体平稳。

3.2.5 注意事项

（1）因为立定跳远是原地启动的，动力来源于双臂的快速摆动，所以两腿的有力蹬地和身体的充分伸展很重要。要跳得远，就必须有一定的腾空高度以及合理的躯干前倾角度。因此掌握立定跳远的技术，必须围绕蹬地角、腾起角、蹬摆速度来安排练习内容与方法，建立正确的用力顺序和肌肉感觉，提高制空能力。

（2）初学者首先要学习立定跳远的基本技术，掌握技术要领，练习强度要小，不能盲目追求远度。

（3）选择练习方法时，应从简到繁，待技术与素质有所提高后，再安排难度较高的练习。

（4）在练习中，动作放松有利于掌握技术和爆发用力。

（5）在练习中，要注意选择在松软的地方练习，防止损伤。

3.3 引体向上的技术与练习（男生测试项目）

引体向上，主要测试上肢肌肉力量的发展水平，为男性上肢力量的考查项目，是自身力量克服自身重力的悬垂力量练习，是最基本的锻炼背部的方法，也是衡量男性体质的重要参考标准和项目之一。

引体向上要求男性有一定的握力、上肢力量和肩带力量，这个力量必须能克服自身的体重才能完成一次。引体向上对发展上肢悬垂力量、肩带力量和握力有重要作用。它是以按动作规格完成的次数来计算成绩的，做得多则成绩好，因此是一种力量耐力项目。

3.3.1 引体向上技术

引体向上的动作过程十分简单：双手宽握单杠，两臂伸直，身体悬垂，腰背部以下放松，两小腿伸直或交叉。然后在吸气同时，用背阔肌的收缩力屈臂引体向上，至下颚超过横杠或颈后贴近横杠止。稍停后，边吸气边用背阔肌的力量控制慢慢下降，直到还原。

3.3.2 引体向上的练习方法

（1）凡是能完成一个以上引体向上的学生，应以练习引体向上为主。按自己完成最大量为指标练习一次，稍事休息后再练习1—2次。如只能完成一个，则需反复多做，以6—10次为宜。

（2）正握或反握悬垂，向前或向侧移动。在平梯上做移行，单手向前移动一个横杠，两手交替行进。移行一个横梯为一次，练习4—5次。

（3）悬垂。屈臂悬垂练习者站于凳上，两臂全屈反握横杠，两手与肩同宽，使横杠位于颏下，然后双脚离凳做悬垂姿势，但下颏不得挂在杠上。为了提高握杠力量可以做负重悬垂。为了发展力量耐力，可逐渐延长悬垂时间。直臂悬垂时，手要握紧，身体放松，呼吸自然，练习2—4次。

（4）斜身引体。要求两手与肩同宽正握杠，身体要挺直，两脚前伸蹬地，使两臂与躯干成90度的斜悬垂，脚不得移动，由同伴压住两脚，做屈臂引体，使下颏触到或超过横杠，然后伸臂复原，不能利用臀部上下摆动的力量。30—45次为一组，练习3—4组。如无单杠，可利用树干或木桩。

（5）仰卧悬垂臂屈伸（抬高脚的位置）。学生在低单杠上做仰卧悬垂姿势，另一学生握其脚腕或小腿，将练习者的脚抬至水平部位（也可将练习者的脚放在稍高的器械上），拉25—40次为一组，练习3—4组。

（6）高杠悬垂，同伴两手托腰，帮助引体向上。

（7）反握悬垂臂屈伸。

（8）在中杠上轻轻蹬地练习引体向上。

（9）可每天做俯卧撑（持哑铃做上臂屈伸）来训练上肢力量。力量大的同学可做快速俯卧撑或俯卧撑击掌练习。

（10）腹、背肌练习。

（11）两人一组，手伸直撑其肩膀，做"斗牛"练习和推小车游戏。

（12）哑铃、杠铃、拉力器练习。①屈举哑铃：上体正直，肩关节固定，做屈肘上举。此练习能有效地锻炼肱二头肌、肱肌。②卧拉哑铃：俯握长凳上，双手握哑铃直臂下垂，屈臂将哑铃拉近凳面。拉铃时，不要抬起上体和屈腕，双肘靠近体侧。③坐拉拉力器：坐在矮凳子上，两臂侧上举，双手握拉力架把手，双臂用力下拉，使肘关节贴近体侧。

3.3.3 练习注意事项

（1）引体向上是上肢力量耐力项目，练习有一定难度，需要持久性意志努力。

（2）对于引体向上一个也完不成的同学，可进行帮助练习，即三人一组，托腰推举帮助练习。

（3）引体向上能完成一个以上的同学，要增加练习的重复次数，力争在短期内达到较高水平，而且要持之以恒。

（4）快速吸气时引体向上，放下时放松呼气。

（5）注意克服易犯的错误动作：拉杠时仰头挺胸，造成上体后仰，上拉困难。纠正方法是拉杠时含胸微屈髋，快速拉。

（6）下颌要过杠后才能还原为悬垂姿势。

3.3.4　影响引体向上成绩的因素

（1）克服懒惰、怕疲劳的心理，养成锻炼的习惯。这在很大程度上取决于体育锻炼意识的形成，这种锻炼意识的形成与人的态度有关。

（2）家庭教育对学生的影响。家庭教育对学生的影响是深刻的，在家庭教育的过程中，父母及家庭成员的要求往往成为学生的生活准则，父母、家人对事物的认识成为子女评价事物的依据，而父母、家人的兴趣爱好也都潜移默化地影响着子女。许多家长望子成龙、盼女成凤心切，他们不顾一切让子女升学、成才，对子女的文化课学习提出很高的要求。这种"重智力轻体育"的观念错误地影响着学生，对学生的体育参与产生了消极的作用，使许多学生对体育失去了兴趣，甚至有的学生在上体育课的时候也是带着文化课课本，这不得不让人深思。

（3）教学场地和器材的影响。通过问卷调查得知，场地和器材的影响也是学生不爱体育锻炼的原因之一。教学中场地、器材的合理设计和使用，对学生的学习起到积极的促进作用。由于体育设施太差、器材太少，不仅导致学生对体育课缺乏兴趣，还会造成体育课教材教法缺乏多样化。学校的体育设施差、器材器具少是当前学校体育教学中普遍存在的现实问题。要改变这一现状，关键是一方面促使学校领导充分认识到体育的重要性，增加体育方面的资金投入；另一方面，教师也应该培养自己动手的能力，因地制宜地为学生制造一些简易器材器具，为学生创造一个良好的教学环境。

（4）学生的内在因素。学生的个体差异和惰性思想也是造成厌学体育的一个重要因素。个体的差异是受到遗传因素影响的，通过锻炼是可以得到改变的。一些学生，因为对体育运动技术动作的分析、综合抽象概括能力比较差，在课中就常因抓不住动作的要领而出现错误动作。一旦出现这种情况，就产生消极否定的情绪，认定自己的运动能力差，身体素质不好，难以达到教学要求，因而在学习中完全处于被动状态，这也成为他们提高运动能力的一大障碍。要改变学生这种心态，一方面，教师要鼓励学生积极地进行自我克制和自我暗示，减轻心理负担；另一方面，体育教师应该为学生创造一个良好的课堂环境。

（5）心理因素差是导致初中学生厌学体育课的最主要内因。一方面，进入青春期的学生的心理变化引发他们不喜欢上体育课，初中学生的心理特征处于不稳定和不成熟的时期，在体育课中常表现为懒惰、对疲劳的耐受力差、怕脏、怕晒、胆小、怕别人嘲笑等。由于学生的个性不同，他们对待学习的态度也不同。在教学中，内向型和抑制型的学生在学习中，若不能得到教师及时的肯定和表扬，对学习体育会产生信心不足，从而造成自卑和逆反的心理，使学习的主动性和积极性受到影响。而外向型的学生易骄傲自满、自高自大、缺乏进取，学习中经受不了失败和挫折，遇到困难和挫折易产生不良的消极心理。另一方面，是由于学生心理素质差而产生强烈的自卑感——往往低估自己，觉得自己的体育学习能力差，在课中也常出现胆怯、紧张不安、缺乏自信，从而影响他们参加体育课的兴趣，也严重地影响体育课教学和学习的效果。

（6）学生的体育意识淡薄是学生产生厌学的重要因素之一。由于体育在学校教育中的地位受到"应试教育"的影响，学生对体育的目的和意义缺乏明确的认识，认为体育只是跑跑跳跳，玩玩而已，从而轻视体育的学习。他们体育意识淡薄，学习中的积极性和主动性不高，参与的意识不强，学习中表现出敷衍塞责的消极情绪。体育意识的淡薄，在很大的程度上影响着学生的学习热情。在体育教学中，兴趣是影响学生学习体育的重要因素。良好的学习兴趣，是学生学习体育的动力，能促进学生积极参加体育锻炼和学习。反之，则会对学生的体育学习和体育锻炼起到干扰和抑制的作用，对体育无兴趣的学生觉得体育课对他们是一种额外的负担，容易产生对体育学习的厌烦心理。

3.3.5 引体向上的辅助练习

（1）俯卧撑练习：两手撑的位置靠近腹部，身体保持在一个平面，支撑快起慢落，不要塌腰，每组10—20次，练习一段时间后增加每组的次数。

（2）立卧撑练习：俯卧撑时，身体不要接触地面，撑起的同时收腹站立，每组10—20次，练习一段时间后增加每组的次数。

（3）举哑铃练习：两脚自然站立，上体正直，挺胸抬头，两臂屈臂，快举慢落，下落时两肩打开，每组30—40次（重量自选）。练习初期可用实心球代替，也可自制负重小沙袋，练习一段时间后增加每组的次数。

（4）哑铃扩胸练习：两脚自然站立，上体正直，两臂平举，伸直扩胸，身体不要前后晃动，每组10—20次（重量自选），练习一段时间后增加每组的次数。

（5）哑铃臂屈伸练习：两臂同时或交叉进行，上体保持正直，每组20—30次（重量自选），练习一段时间后增加每组的次数。

（6）杠铃挺举练习：两脚自然开立，提拉翻腕时肘关节向前方抬起，挺举时可以并步或跨步挺，每组5—10次（重量自选，注意安全），练习一段时间后增加每组的次数。

（7）杠铃抓举练习：两脚开立与肩同宽，两手握杠宽于肩，提拉的同时迅速翻腕，后伸顶肩举起，每组5—10次（重量自选）。

（8）杠铃卧推练习：两手握杠稍宽于肩，推时快起慢落，每组4—5次（重量自选，保护帮助完成）。

3.4　仰卧起坐的技术与练习（女生测试项目）

3.4.1　仰卧起坐的技术

身体平躺仰卧于垫上，双肩胛骨着垫，两腿屈膝，腹部与大腿成90度，大腿与小腿成90度，两手指交叉贴于脑后，臀部不能离开垫面（可有同伴压住脚面）。收腹屈背，双臂屈肘前摆内收，低头、含胸的力量起坐，动作协调一致，双肘触及两膝，然后后仰还原成预备姿势。概括起来仰卧起坐分三个阶段：仰卧、起坐、下躺。注意：落垫必须背部完全着垫，以双肩着垫为准（抬起时必须肘部与膝盖处触碰才算一次，不然是不计数的）。

3.4.2　影响仰卧起坐成绩的因素

影响仰卧起坐的主要因素是腰腹肌的力量与耐力，这就需要我们的考生平时多多练习。

3.4.3　仰卧起坐的练习方法

（1）负重仰卧起坐、平躺仰卧起坐有两种训练方法：不负重、高次数和负重、低次数。根据实践经验，后者更加有效。建议采用5—10千克的杠铃片做，每组个数10—30个不等。

（2）仰卧举腿腹肌练习有两种模式：一种是"弯屈"，也就是仰卧起坐；另一种是"牵拉"，也就是仰卧举腿。事实上，仰卧举腿的效果比仰卧起坐好。因此，笔者觉得仰卧起坐与仰卧举腿以4∶6的比例来练习，效果更好。

（3）斜面仰卧起坐：头朝下斜躺在仰卧起坐斜板上，双脚钩住支撑板，双臂在胸前抱住杠铃片，然后用力将上体向上弯起，直到上体与双腿垂直。整个过程中大腿保持静止。

（4）斜面仰卧举腿：头朝上斜躺在仰卧起坐斜板上，双手钩住支撑板，用力向上抬起双腿，直到上体与双腿垂直。整个过程中上体保持静止，大小腿始终保持在一条直线上。如果腿部再负重，效果更好。注意：练习时尽量快起慢下，尤其在身体（腿部）落下的时候，一定要控制住慢慢落下，不要不加控制随意下落，这样锻炼效果会有所下降。

3.4.4　练习注意事项

（1）做仰卧起坐时，躺下应吸气，起来的时候呼气，一定要保持呼吸与动作的协调和节奏。呼吸急促的时候，可稍微停顿1—2秒。

（2）刚开始锻炼的时候，每次做完后腹肌会比较疼，这是正常的生理反应，应继续坚持锻炼，经过一段时间的适应后就不疼了，然后再慢慢加量，始终在"适应—不适应—适应"中上升。

3.5　800米和1 000米跑的技术与练习

3.5.1　800米和1 000米跑的技术

长跑讲究在跑的过程中要匀速。一般情况下都是匀速跑成绩最好，但也不排除最后冲刺的可能。根据自己的训练水平保持自己的速度，最好是跟随跑，即跟上一个与自己水平差不多的人。

（1）姿势。正确的姿势可以使跑步减少不必要的能量浪费，减少疲劳，从而为提高成绩打下基础。正确的姿势是从正面看身体在比较低的高度上下起伏，看不到左右晃动，这个在跑步机上面最直观。中长跑的姿势要保持相对平衡，跑步的时候身体稍微向前倾，与地面的角度大概是80—85度，女生的速度相对慢些，保持85度左右就可以了。跑步的过程中要注意抬头收腹，双手自然配合脚步运动，减少身体左右晃动，减少不必要的能量浪费（跑步的时候如果左右晃动，最好让人在旁边纠正）。中长跑的后程（就1 000米和800米来说，500米和400米以后就是后程了），跑步者的体内乳酸增多、氧债增大，人体已处于疲劳状态，在这种困难的状态下，跑步速度自然会降低。这时候就要求加大躯干的前倾（男生80度，女生85度），从而带动身体向前，为平衡这种前倾，自然要加强蹬摆的配合，增大上肢的摆动幅度，以保证后程技术动作不变形，最终达到提高后程成绩的目的。

（2）步频和步长。增大步长和提高步频对提高中长跑成绩都是极为重要的，但是提高步频和增大步长又是矛盾的，当步长加大时，步频相对较慢，而步频加快时，步长又会变得相对较小，因此很难做到同时提高步长和步频。通常只能是通过保持步长、提高步频或是保持步频、提高步长，来到达提高成绩的目的。一般情况下，一个1.75米的男子，其步长应该可以达到1.8—2米，一个身高1.6米的女生，其步长可以达到1.5—1.7米（按身高比例来说，男性下限是1.7米，女性是1.5米，上限男性2.2米，女性是1.9米）。大家在训练的时候要注意计算100米的平均步长，至少要达到步长的下限。如果你刚好腿短身长，那么就需要适当提高自己的步频，一般是每秒3.5次。

（3）蹬摆送髋技术。蹬伸是由髋、膝、踝、趾由上而下的发力，使各关节达到较充分的伸展，支持反作用力才能作用于髋部，使身体重心前移，蹬伸的同时是摆动腿折叠的开始。蹬摆配合协调，就会起到髋关节迁移的效果，做到蹬有力、摆迅速，既能提高步长，又能加快步频，还能减小身体重心的上下起伏。1 000米和800米中，蹬地腿伸直时应该和地面形成60度左右的夹角（夹角小于50度，会加快速度和频率）。

（4）着地缓冲的技术。落地要让足跟先落地，但注意脚面不能和地面形成大的夹角（小于10度）或者整个脚落地，在着地缓冲时要尽量减小阻力，迅速过渡到前蹬动作。着地后，身体重心向下移动的同时要向前移动。大部分跑步者容易犯的毛病是着地前蹬阻力减少得不够充分，缓冲时身体重心向下但没有向前，甚至出现"坐着跑"的情况，身体重心留在后面，就给蹬身送髋加大了难度。

（5）呼吸。呼吸是中长跑一项重要的技术，对于平时缺乏锻炼的人来说，呼吸调整得好，可以至少提高20秒的时间。①学会从牙缝中吸气跑步。用鼻子和嘴配合呼吸，缓解呼吸肌的压力，口不能张得太大，最好是口微开，轻咬牙，让空气从牙缝中进出。呼吸时，要注意做到均匀而又有节奏，呼气要短促有力，吸气要缓慢均匀，有适当深度。②呼吸节奏与步伐配合跑步。人们一般习惯于按照自身需要自由调节呼吸节奏，其实呼吸节奏应该与步伐密切配合才行。通常开始跑的时候（前400—500米）呼吸节奏是每3步一呼、3步一吸，在保持速度的时候感觉呼吸困难，就需要调整为2步一呼、2步一吸，前后需要保持呼吸均匀和深度一致，这样跑起来才会感到轻快。③加强呼气深度。许多人在慢跑时不注意呼吸的深度，所以在运动时间较长时，就会出现呼吸表浅而急促的现象，从而导致胸部胀满难受、呼吸困难。有些人虽然注意深吸气，但往往忽视了呼气的深度。其实，当跑步时间较长时，只有适当加大呼气深度，才能最大限度地满足机体对氧气的需要。深度加强了，才可能更多地排出废气，增大肺中负压，从而使吸气更省力，吸气量也能增加。"极点"是一种正常的生理现象，当"极点"产生时，应当依靠顽强的意志，调整好呼吸的节奏，尤其注意深呼吸，并适当调整跑的速度。继续跑一段距离后，内脏器官与运动器官的活动逐渐适应，机能逐渐稳定，"极点"就会消失。

（6）弯道跑技术。弯道跑是做圆周运动，跑的途中会受离心力的影响，速度越快，圆周弧度越小，离心力就越大。所以当以较快的速度前进时，中长跑的运动员仍要将整个身体自然协调地向左倾斜一下，向左的角度均应控制在7—10度。弯道跑的上肢动作主要集中在摆臂上，摆臂的动作一般可以帮助制造离心力，右臂向前摆动时，右手的位置应向左接近身体中线，有时可以适当过一点中线。向后摆动时右肘可以向右斜后方摆出，但动作不要摆得过高过大，以免影响重心向前。左臂摆动的要比右臂小些，向后摆动时肘部要紧贴躯干部，并适当地快速摆动些。这样，两臂可以很好地协调起来，有助于身体向前的速度。肩部在摆动时要自然地放松，左肩略低于右肩。在中长跑的弯道上，两腿的姿势是至关重要的，右腿前摆时，膝盖应稍向内扣一些，不要向外撇，这是个细微动作。右膝内扣的同时，右脚也应自然地以前脚掌内侧的大拇指部先落地，左膝同时稍向左撇一些，左脚自然地以前脚掌外侧的无名指和小趾先着地。

3.5.2　影响800米和1 000米跑成绩的因素

（1）身体形态对中长跑成绩的影响。中长跑受身高的影响不是很大，但是身体形态也是影响中长跑的主要因素之一。身体形态比较干瘦、匀称，腿长体轻，骨盆、胸围小，膝、踝关节围度小及跟腱明显、足弓较大的运动员的中长跑成绩会相对好些。体重、身高、下肢三者之间的结合关系，是评定运动过程中能量节省化的重要指标，这一指标较小者为好，即体重较轻、下肢较长的运动员耗能较少。我们可以参照优秀中长跑运动员这三者结合的比例：优秀的中长跑运动员，男子身高为170±4.5、女生为159±4.0；下肢长度，男性为87.5±2.7、女性为81.7±2.9（单位：厘米）。此外，中长跑项目还要选红肌纤维百分比比较高、疲劳恢复能力强的运动员。也就是说，身体形态虽然不是影响运动成绩的主要因素，但也或多或少地影响着中长跑运动成绩的提高。

（2）心理因素对中长跑运动员成绩的影响。心理因素对竞赛成绩的影响是复杂的，难以用具体的比例做出精确的估计，也难以用直接的方法解释。影响竞赛成绩表现在基础因素和心理因素两个方面：基础因素有技术、战术、身体素质三个要素，在竞赛中是通过相对技术能力、战术运用水平、体力三个要素表现出来；心理因素包括动机、认知能力、意志、情绪等因素的具体表现，它不仅对竞赛成绩有直接影响，还会对基础因素中的体力和战术运用产生作用，间接地影响竞赛成绩。心理训练已成为广大教练员、运动员和体育工作者普遍关注的问题，情绪控制是心理训练的一个主要方面。情绪稳定的运动员，在比赛中能较好地控制自己，不受外界各种刺激因素的干扰，能根据比赛的目的、任务调动自己的积极性，形成赛前最佳心理状态，以便在极度紧张的比赛中充分发挥自己的体能和技能，取得优异成绩。反之，则会因情绪波动，致使动作忙乱，导致比赛失败。虽然他们的表现形式是因各种因素而产生的，但归根到底都是因为不良的情绪得不到及时的控制，特别是在赛前，大多数的运动员都会承受来自各个方面的压力，如果运动员不能很好地克制自己的情绪，就会产生吃不下饭、睡不着觉的现象，紧张、焦虑情绪一般在临赛前加重。帮助运动员控制不良情绪的方法一般有：想象训练法、自我暗示法和注意力转移法。

（3）生理机能对中长跑运动员成绩的影响。决定中长跑成绩的主要因素是速度和速度耐力水平。速度耐力是基础，速度是核心，力量耐力是保证。训练实践说明，中长跑运动员的专项速度耐力主要依赖于人体的呼吸系统、心血管系统、代谢系统和神经系统功能的改善和提高，强调在有氧代谢后进行有氧——无氧混合训练，最后进行ATP-CP和无氧糖酵解代谢为主的大强度高速度训练，以发展速度能力和速度耐力能力。生物化学研究表明，在现代中长跑中ATP-CP糖酵解能量代谢占20%—30%，这就足以说明速度在中长跑中的地位。在发展速度的同时，要注意速度耐力的发展，二者应同步进行。发展一般耐力和速度的训练手段均可导致其对应素质的生化因素产生一定程度的改变，因此不应忽视一般耐力的训练。

（4）营养的合理调配对中长跑运动员成绩的影响。由于中长跑的训练量比较大，运动员在训练中往往消耗大量的能量，所以中长跑项目的营养补充就显得格外重要。合理营养是运动员保持良好训练状态的物质基础，对运动员的体能状态、体力适应过程、运动后体力的恢复以及防治运动性疾病有良好的作用。合理营养能提供运动适宜的能量物质，保证能量物质的良好供应和利用，肌肉中的能源物质（糖元）的水平还与运动外伤的发生有直接的关系。合理营养有助于剧烈运动后的恢复，减轻运动性疲劳的程度或延缓其发生，同时还可以解决运动训练中一些特殊的医学问题，如赛前控制体重、运动性贫血和青少年的特殊运动营养，运动营养与恢复在运动训练中的作用非常重要。根据现代中长跑运动训练的特点，必须加强训练过程中的恢复和训练后的恢复。合理的营养是保证运动员正常训练的基本条件，也是训练后消除疲劳的主要因素。不同运动类型、不同运动项目则需要不同的营养物质：速度型中长跑运动员需要营养素的全面和均衡；力量型中长跑运动员需要优质的蛋白质食物；耐力型中长跑运动员需要充分的糖、水、无机盐和维生素；混合型中长跑运动员要根据项目特点具体安排。同时要注意利用医学、生物学、教育学、心理学、化学性等恢复手段，充分利用高科技、医疗手段为运动训练服务，树立"训练—恢复—营养"三位一体的现代训练观。

（5）疲劳恢复对中长跑运动员成绩的影响。中长跑项目训练的最大特点是大运动量，大运动量增加了训练负荷，也加深加重了机体的疲劳，如果不能很快地恢复，就不能连续完成训练任务，使训练水平下降，并将严重影响青少年的文化课学习。因此，要把青少年中长跑疲劳程度判断和训练的恢复提高到重要位置，这对教练员合理安排运动员的训练量和运动强度，以及对运动员成绩的稳定提高和运动潜力的发挥，均具有实际性的指导意义。疲劳是大脑产生的一种"保护性"抑制的正常生理现象，经过一定时间、一定方式的休息，身体功能才能逐渐恢复。然而，大多数青少年运动员对如何很好地进行疲劳的恢复经验不足，这时就需要教练员及时地、正确地引导他们。其实，提高恢复效率的方法有很多，例如：①保证足够的睡眠时间。睡眠是中枢神经系统，尤其是大脑皮层抑制过程占优势，能量物质的合成过程也占优势，体内的一些代谢产物得到重新利用和排除。只有充足的睡眠，大脑皮层和其他器官系统的功能才能得到恢复。②营养的补充。在进行长跑运动后，及时地补充一些蛋白质、糖、维生素B和C以及无机盐等，对疲劳的恢复很有必要。③训练后的整理活动。在中长跑运动后，认真地进行整理活动有利于呼吸、循环系统的调节，神经的松弛以及肌肉的放松。有效的整理活动、运动按摩与推拿，能有效地改善局部血液循环，从肌肉中排除乳酸及其他疲劳物质，以促进疲劳的消除。④泡温水浴。水温一般在42±2℃为宜，时间一般为15—20分钟，每天不超过2次，能促进全身的血液循环和调节血液分配，是帮助消除疲劳的一个很好的辅助手段。除此之外，慢跑放松走、适当的柔韧性练习、心理辅导等同样是消除疲劳的有效方法。

（6）动作技术对长跑运动员成绩的影响。掌握正确的中长跑技术动作是提高运动成绩的重要因素。中长跑的技术也和其他事物一样，都是逐步向前发展的。最初采用后蹬伸直有力、步幅较大、步频较慢的跑法，之后出现了速率快、动作自然、后蹬迅速有力、步幅较小、步频较快的跑法。现代中长跑技术是要保持较高跑速、步幅舒展均匀、高步频、重心平稳、协调省力、落地积极、柔和有力、轻松自如。在中长跑训练过程中，途中跑是中长跑的主要阶段，距离较长。在较长的跑程中，掌握正确的技术和合理地分配体力显得特别重要。要跑得轻松协调、身体重心平稳、直线性强、效果良好，应尽量提高肌肉用力和放松能力。为了不过多地消耗能量，在跑动中始终做到放松自然、不紧张，跑时既省力，又有实效，是衡量中长跑技术好坏的标准。

（7）意志品质对中长跑运动员成绩的影响。意志是人为确定目的，支配自己的行为并在行动时自觉克服困难的心理过程。良好的意志品质指独立性、果断性、坚持性，自控力，意志品质对中长跑运动员尤为重要。要想成为一名优秀的中长跑运动员必须具备良好的意志品质，特别是坚持性和自控力。具有精力充沛、情绪发生快而强、言语动作急速而难以自控的行为特点的运动员更适合于中跑；而沉着冷静、情绪发生慢而弱、内心少外露的运动员更适合于长跑。我们应该根据运动员的气质类型特点调整训练方法，分配项目和进行心理训练，这样才能达到事半功倍的效果。

（8）合理的训练内容对中长跑运动员成绩的影响。从中长跑供能系统的复杂性和其对两类肌肉纤维要求较高的方面来看，可以认为在跑类训练中，中长跑训练对科学性要求更高，内容方法上安排稍有不慎，就可能影响中长跑成绩的提高。由于受训练时间因素的影响，部分教练员一开始只重视运动员的有氧耐力训练，而忽视了动作结构的经济性和实效性，如果错误动作一旦定形，对运动员进入成年后发挥最大运动潜能、延长运动寿命、创造成绩非常不利。应密切注意运动员在跑动过程中的动作结构，当出现错误动作时，应及时给予提醒纠正，直至正确动作定形。但一些教练员为了应付比赛，仓促集训，没有科学的训练计划，一开始就加大运动量，进行强化训练，存在短期行为。在短时期内，虽然可以收到一定效果，但从长远角度看，这样做存在明显的弊端。

3.5.3　800米和1 000米跑的练习方法

3.5.3.1　持续慢跑

（1）方法：练习者采用较慢速度持续跑较长的距离，发展有氧耐力。跑的速度、距离、重复次数等应根据练习目的确定。

（2）作用：发展一般耐力，提高有氧供能能力。

（3）要求：在持续慢跑时，心率每分钟应达到150次左右，从而发展练习者的一般耐力。

3.5.3.2 重复跑

（1）方法：固定跑步距离，多次重复，进行该距离的跑和重复跑时的速度、距离、重复次数等应根据练习目的和练习者的具体情况而定。

（2）作用：发展专项耐力和一般耐力，提高无氧代谢能力水平。

（3）要求：在每次练习的间歇时间，以心率恢复到100—120次/分为限，再进行下一次练习。

3.5.3.3 变速跑

（1）方法：在跑的过程中，用中等速度跑一段距离后，再以较慢的速度跑一段距离，采用不同速度交替跑。

（2）作用：发展有氧和无氧代谢能力，提高一般耐力和专项耐力水平。

（3）要求：中速跑与慢速跑交替进行相同的距离或中速跑的距离较慢速跑的距离稍短一些，变速的交替次数依练习目的而定。

3.5.3.4 间歇跑

（1）方法：练习者快跑一段距离后，再进行慢跑或走一段距离的中途有间歇的跑法。跑的速度、距离，间歇时采用慢跑还是走，以及练习的次数应根据练习目的而定。

（2）作用：发展专项耐力水平。

（3）要求：快跑的速度应使脉搏达到每分钟170—180次，中间间歇慢跑或走时，脉搏应控制在每分钟120次左右，再重复下一次练习。

3.5.3.5 越野跑

（1）方法：可采用个人或结伴的形式，进行距离较长、强度较小的在野外自然环境中的跑步，在跑步中应保持正确的跑步姿势，充分利用野外的上坡、下坡等地。

（2）作用：发展一般耐力水平，提高有氧代谢能力。

（3）要求：越野跑时应穿软底鞋，跑的距离及时间根据个人特点和练习目的的确定，跑的过程中脉搏应保持在每分钟150次左右。

3.5.3.6 追逐跑

（1）方法：在田径场或自然环境中，采用多人相互追逐的跑法。可选择一定的距离进行追逐跑，然后再慢跑或走，反复追逐。追逐跑的距离、速度根据练习的目的而定。

（2）作用：发展速度耐力和无氧与有氧代谢水平。

（3）要求：同伴之间相互保持5—10米的距离，用中等或较快的速度追逐对方，慢跑时应使脉搏不低于每分钟100次。

3.5.3.7 领先跑

（1）方法：在田径场、公路或自然地形中，以多人练习的形式，每个人轮流交替领先跑，用接近比赛的速度跑完一定的距离，然后进行慢跑的练习。

（2）作用：发展一般耐力水平。

（3）要求：跑的距离和速度要结合专项的要求，脉搏要保持在每分钟170次以上。这一练习由于练习的强度较大，可每周或间隔周安排练习一次。

3.5.3.8 匀速持续跑

（1）方法：采用中等速度持续跑一定的距离，在跑的过程中，保持一定的速度，用匀速跑完练习规定的距离。

（2）作用：发展专项耐力水平，提高混合代谢能力。

（3）要求：速度达到中等速度，心率保持在每分钟150次左右，匀速持续跑一定的距离。

3.5.3.9 定时跑

（1）方法：在田径场或野外进行15分钟或20分钟等计划规定的定时跑，计取每次定时跑的距离。在保持一段时间后，突破定时跑的距离，增大练习的强度。

（2）作用：发展专项耐力水平，提高练习强度。

（3）要求：确定定时跑的时间后，不断增加跑的距离，以提高练习强度。

第四章　身体练习效果检测与评价

生命在于运动。

——伏尔泰

4.1　评定身体身形、机能的一些常用指数

采用指数来评定人体，是指把有关评定身体发展和体质状况的项目通过一定的方法折合成一定的指数，然后根据这个指数来评定身体发展和体质状况。了解一些评定人体的常用指数对完善自身的身体状况将大有益处。

通过评定，能了解练习的效果，使练习者对通过身体练习增强体质、提高健康水平充满信心，从而激发练习的自觉性和积极性；通过评定，还能为练习者提供自身体质发展、变化的信息，使之可以根据自己的体质状况来合理地选择身体练习的内容和方法，从而使以后的练习收到更好的效果。

（1）标准体重指数。身高165厘米以下者：体重（千克）＝身高（厘米）－100；身高166—175厘米者：体重（千克）＝身高（厘米）－105；身高176厘米以上者：体重（千克）＝身高（厘米）－100。正常人的波动范围大致在±10%左右，超过标准体重的25%—34%为轻度肥胖，超过标准体重的35%—49%为中度肥胖，超过标准体重的50%为重度肥胖。

（2）肩臂长指数。肩臂长指数＝身高（厘米）－2。

（3）营养指数。营养指数＝［体重（千克）/身高（厘米）］×1 000。它反映

人体营养状况和肥胖程度。20—25岁的城市青年标准男性的营养指数为260—403，女性为271—387。

（4）维尔维克指数。维尔维克指数＝［体重（千克）＋胸围（厘米）］＋身高（厘米）×100。这个指数能较全面地反映体质情况，我国20—25岁男女青年维尔维克指数的标准范围，男性为77—94，女性为73—93。

（5）坐高指数。坐高指数＝坐高（厘米）＋身高（厘米）×100，它反映人体躯干的长短。指数越大，躯干越长，欧洲人的坐高指数平均为52，我国18—25岁青年男女的标准是男性平均为53，女性平均为54。

（6）肌肉发达程度指数。肌肉发达程度指数＝［（两上臂围（厘米）＋胸围（厘米）＋两大腿围（厘米）＋两小腿围（厘米））/2］＋［（两腕围（厘米）＋两膝围（厘米）＋两胫骨围（厘米））/2］，得出的数值越大越好。

（7）脂肪含量指数。我国17—35岁男性的脂肪含量指数的推算公式为：脂肪（％）＝0.91137×上臂皮褶＋0.1781×背部皮褶＋0.1538×腰部皮褶－3.60146；女大学生的推算公式：脂肪（％）＝0.99009×上臂皮褶＋0.46426×腰部皮褶＋2.44523，正常成人的身体脂肪含量约占身体总重量的10％—30％。

（8）肺活量指数。该指标是评定人体肺功能优劣的指标。肺活量指数＝肺活量（毫升）＋体表面积。体表面积的计算公式为：体表面积＝0.0061×身高（厘米）＋0.0128×体重（千克）－0.1529。我国成年男性的肺活量指数应该在2 310以上，女性应该在1 800以上，低于此标准则说明肺功能较差。

（9）胸围身高指数。它是评定人体胸廓和胸部肌肉发育水平的指标，由胸围（厘米）－1/2身高（厘米）获得，标准指数为1，大于或等于1说明发育较好；指数介于0—1之间，说明发育一般；指数等于或小于0，说明发育较差。

（10）整体形态指数。它是评定人体形态状况优劣的指标，整体形态指数＝身高（厘米）－体重（千克）－胸围（厘米）。评定标准见表4-1。

表4-1　整体形态指数评定标准

整体形态指数	整体形态状况
10以下	好
11—20	良
21—25	一般
26—35	差

4.2　身体机能的自我测验

自我测验就是自己测验自己的健康和体力情况。本书中所介绍的各种测验与《大学生体育合格标准》、《国家体育锻炼标准》中的测试都是对人的体质、素质情况的测试。不同的是本书中的各种测验不需要特定的时间、场地、器材等，在日常生活中随时都可以进行，且测验的内容生动、活泼。

构成人们体力和身体机能的因素有很多，但是作为主要因素有以下几种：①肌力：肌肉的机能，即瞬间爆发力、肌肉的耐力。②关节功能：柔韧程度，即弹性。③循环系统机能：心脏、肺部的机能，即耐久力。④神经和感觉系统的机能：灵巧、平衡与敏捷性。此外还有弹跳力、力量等素质，所以对人体机能的测验也主要是从这几个方面进行。

4.2.1　三分钟耐力测试

使用器材：一块20厘米高的坚固脚踏板（或台阶），秒表一块。

测验：三分钟内在脚踏板上踏上踏下72次（完成图4-1a的四个动作为一次）。休息30秒钟后记下30秒内的心率。表4-2中的不同心率表示不同的健康状况，对于绝大多数人来说这样的测验并不费劲。如果测验时感到呼吸困难、头晕或其他不适，应立即停止，等身体康复后再行测验。

完成一次完整动作的做法是：脚先踏上踏板，另一只脚跟随踏上，先踏上的那只脚随后踏下，另一只脚跟随踏下。每重复一个完整动作用时为2.5秒，运动3分钟后坐下来休息30秒钟，不要讲话。

图4-1b是休息30秒钟后，用三个手指轻轻按在颈动脉上测心率，计数30秒钟。

图4-1a 三分钟耐力测试

图4-1b 颈动脉心率测试

4.2.2 闭气测验

这是人体机能检查专门测试呼吸功能的一种方法，受测者静坐片刻后，分别测深吸气和深呼气后的闭气时间（用手捏鼻子，不得漏气），并记录结果。一般男性吸气后能闭气40秒左右，女性25秒左右；男子呼气后能闭气30秒左右，女生20秒左右，经常参加体育锻炼的人，闭气时间可达1分钟以上。

4.2.3 卧位直立测验

这是人体神经系统机能检查的一种方法，受测者安静卧床2—3分钟，再在床上测脉搏1分钟，然后起床在直立位时测脉搏一分钟。正常情况下，与卧立相比，立位时每分钟脉搏增加12—18次或者更多，表示受测者交感神经兴奋性减弱，训练程度良好的优秀运动员，在由卧位转为直立位时，心率增加不明显。

测验的评价：30秒钟心率次数。见表4-2。

表4-2　30秒钟心率测试评价表

评价	男	女
很好	37以下	43以下
好	38—42	44—46
一般	43—50	47—55
较差	50以上	56以上

4.2.4　日本的八种自我测验

测验1：双手抱颈，两脚并拢伸直，体前屈，肘靠膝，静止三秒。双肘触膝为好，单肘触膝为一般，都做不到为差。（图4-2a）

测验2：双脚与肩同宽，身体尽力向后弯曲（向后躬身），手抓脚跟。双脚抓脚跟为好。（图4-2b）

测验3：原地跳起，空中击脚掌二次。跳15次以上为好，跳10以上为一般，跳5次及以下为差。（图4-2c）

测验4：呈俯卧撑姿势，用力弹起身体。双手双脚都能离开地面为好；双手离地，拍手一次为一般；都做不到为差。（图4-2d）

测验5：闭眼，单腿站立，另一条腿有节奏地前后摆动，测验平衡能力。能连续摆动10次以上为好，连续5次以上为一般，连续5次以下为差。（图4-2e）

测验6：全蹲抱膝，向后滚动，再用力向前蹲起。抱膝蹲起为好，撒手蹲起为一般，蹲不起来的为差。（图4-2f）

测验7：双臂支撑在两椅子上（身体与两腿之间的夹角为90度）。支撑10秒钟以上为好，5秒钟以上为一般，支撑不住为差。（图4-2g）

测验8：双腿并拢，有节奏地跳跃，要求离地5厘米以上。跳跃150次以上为好，100次以上为一般，100次以下为差。（图4-2h）

图4-2　自我测验（日本）

4.2.5　双人合作测验

测验1："惊马"（图4-3a）

　　一人将对方背起，双腿连续跳跃。评价标准：男性，30次以上为好，20次以上为一般，20次以下为差；女性，20次以上为好，10次以上为一般，10次以下为差。

测验2：握拳回转（图4-3b）

　　二人相对站立，一人握对方的拳头，使其以此姿势回转身体一周。回转高度在自己的脐部高度为一般，不能超过肩部高度为差。

测验3：往返跳马（图4-3c）

　　一人双腿、双手分开前屈，伏在地上为"马"，一人快速连续往返支撑分腿跳"马"，评价标准：男性，8次以上为好，5次以上为一般，

5次以下为差；女性，5次以上为好，3次以上为一般，3次以下为差。

测验4：腿部转动（图4-3d）

一人蹲下伸出双手并拢，受测者坐撑举腿，双腿要求并拢、伸直，围绕对方双手左右移动。评价标准：男性，左右各20次为好，左右各15次为一般，15次以下为差；女性，左右15次为好，10次为一般，10次以下为差。

图4-3　双人合作测验

4.2.6　德国的六种自我测验

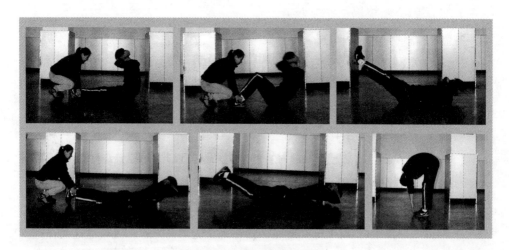

图4-4　自我测验（德国）

4.2.7 利用日常物品的测验

测验1：钻绳子（测柔韧性）（图4-5a）

双手持一绳子（长65—70厘米），置于体前，从手臂外侧伸入一条腿，两手从肩部滑向背部，抽出另一条腿。评价标准：按要求钻出为好，握绳子两腿钻出为一般，不能完成为差。

测验2：连续支撑跳（测体力）（图4-5b）

两手扶在桌子上，团身跳起，超过桌子高度。评价标准：男性，20次以上为好，15次为一般，15次以下为差；女性，15次以上为好，10次以上为一般，10次以下为差。

测验3：立棒平衡（测灵敏）（图4-5c）

以站立姿势，屈肘，把棒放于手掌上，完成站立、坐下、再站立。评价标准：全部完成为好，完成一到两个动作为一般，做不到为差。

测验4：连续跳越绳（测耐力）（图4-5d）

绳与膝高度相同，两手扶地，使绳置于两臂之间，两脚并拢，连续向左右跳越绳。评价标准：男性，30次以上为好，20次以上为一般，20次以下为差。女性，20次以上为好，10次以上为一般，10次以下为差。

图4-5 利用日常物品的测验

4.2.8　自我评分测验

测验1：直立、下蹲

把一本书从中间翻开，顶在头上，不使书掉下，进行双腿屈伸。弯曲时使大腿靠上小腿，弯曲、伸直各得一分，计算出十五秒钟的得分。

测验2：双手放于头后，一人压住测验者双脚，坐起时双肘触到双膝，一个往返得一分，计算十五秒钟的得分。

测验3：搬送手帕

呈坐立姿势，上体正直，两腿屈膝，把手帕放在脚的前部。用一只脚的脚趾夹住手帕，前伸并松开手帕，再屈膝，另一只脚前伸，用脚趾夹住手帕，屈膝松开手帕，两脚依次交替进行。手帕每搬送一次得一分，计算得分。

测验4：连续左右跳

把一报纸铺在地板上，两脚靠拢，站在报纸一侧，左右跳越报纸，往返一次得一分，计算所得分数。

测验5：臂　支　撑

两臂及身体伸直，呈俯撑状态，手前放一小板凳或一台阶，把一只手先放到小凳上，另一只手跟着放到小凳上，此时要求两臂伸直。先放到小凳上的那只手放下来，另一只手跟着放下来，依次交替进行。两手在小凳上并齐一次得一分，计算所得分数。

测试6：回转肩部

两腿伸直端坐在地板上或床上，两手抓住绳子两端。两臂伸直从头上绕至背后，使双手碰到身后的地板，而后两臂伸直从背后绕至体前，使双手靠在脚尖处的地板上，连续十五秒钟，每靠在前、后的地板一次则各得一分，计算所得分数。

测验7：反弓上体

俯卧在草席上，两手不能撑地，上体抬起，一人可压住测验者的双脚，面前放一反扣的脸盆，在脸盆与身体之间放三本书，用手将书一本一本地放到脸盆上，然后再一本一本地放下来，三本书堆在一起得一分，连续十五秒钟，计算所得分数。

测验8：扭转腰部

把一报纸铺开，放在地板上，坐在报纸的侧面，两腿伸直前伸，两手放于体后，支撑上体，以此姿势，两腿靠拢，伸直不要分开，且脚不能触动报纸，向左右两侧跨越报纸，使脚后跟触及地板，连续进行十五秒钟，脚跟接触左、右地板各得一分，计算所得分数。

测验9：滚　　转

俯卧在草席上或草皮上，以腹部支撑全身，使大腿、脚、胸、头部、两臂离开地面，以此姿势向一侧滚动，手、脚、胸、头均不可触地，连续进行十五秒钟，每交替跨越一次得一分，计算所得分数，注意双脚不得触动绳子。

4.2.9　十种测验总分数评价

表4-3　十种测验总分数评价

分数	评价
120分以下	要引起注意
120—140分	运动不足
141—160分	一般
161—180分	练习成绩良好
220分以上	优秀选手

第五章 大学生应掌握的卫生保健知识

我生平喜欢步行，运动给我带来了无穷的乐趣。

——爱因斯坦

5.1 运动卫生知识

随着生活水平的提高，人们越来越关注身体健康。运动健身已经成为许多人增进身体健康、增强体质的主要途径。但是，由于许多人缺乏体育锻炼卫生常识，不按科学规律锻炼身体，造成运动效果大打折扣，而且长期不科学的锻炼也会导致人体疾病的发生。因此，体育锻炼时必须了解有关的运动生理卫生知识，并制定科学的健身方案。为了使广大运动健身爱好者科学地进行体育锻炼，编者从运动卫生常识和运动损伤的防治两个方面进行介绍。

5.1.1 体育运动对生理和心理的影响

古往今来，运动对身体健康所起的积极作用一直被世人津津乐道。"生命在于运动"，这是2500多年前古希腊的一句名言；18世纪法国著名医生蒂索说："世界上一切药物对身体来说，都无法代替运动的良好作用。"中国唐代医学家孙思邈有"人欲劳于形，百病不能成"，"养生之道，常欲小劳"的名言；后汉时期一代名医华佗创编的"五禽戏"具有"年且百年而犹有壮言"的强身保健效果。此外，集练身、练意、练气于一体的太极拳，形（动功）神（静功）合一的气功疗养法和八段锦等体育运动，都能起到祛病延年作用。

体育运动业已成为广大群众最为重视并积极参与的全社会运动。"健身强身，人人需要"的理念越来越被人们所认同。体育锻炼可以促进青年人的生长发育，提高身体的新陈代谢。因此，如何应用人类健康理论和技术对大学生体育运动的各个环节进行健康监督和指导，保护和促进学生身心健康发展已成为学校卫生工作的重要课题。

人的全面发展是指人的体力和脑力的统一发展。体育锻炼是通过运动结合自然力的作用来发展身体、增强体质、调节精神、丰富文化生活的健体活动。体育运动是在发展体力、耐力及其机能的前提下，按各自兴趣和适应健康状况而选择的体育运动形式。因此，认识体育锻炼对人体发展的意义，掌握体育锻炼的基本原则、方法及最佳途径，加强卫生保健能力，已经成为大学生体育卫生保健和健康教育的基本任务。

体育锻炼可以促进青年人的生长发育，提高身体的新陈代谢，使各个器官充满活力；对中年人来说，可以增强体质，保持旺盛的精力，提高工作效率；对老年人来说，可以推迟各器官的衰老，起到延年益寿的作用。

5.1.2　体育锻炼可以促进生长发育、增进健康

大学生正值生长发育的黄金时期。在18—22岁这个年龄阶段，身体的重要器官和系统基本上已发育成熟，骨骼几乎趋向完全骨化，身高增长变慢、体重增加、肌肉发达，这些身体变化为发展体力、耐力创造了基本条件。

体育运动通过提高人体的吸氧能力，来促进人体新陈代谢和解毒。它既可以促进全身血液循环，使肌肉得到充足的营养，又可以增强肌肉耐力、灵敏度和协调性，使关节的活动度和人体的柔韧性都得到提高，最终获得健美的人体形态，达到提高人体机能和身体素质的效果。

5.1.3　体育锻炼可以促使大脑清醒，提高学习效率

巴甫洛夫说过："如果不锻炼身体，大脑就不能很好工作。"体育运动能通过

增加大脑供血的方式，改善大脑血糖和氧气的供应，促进脑细胞新陈代谢，提高大脑皮质的活动能力，提高神经活动的兴奋性、灵敏性和反应性，最终改善对神经和脏器活动的自控能力。因此，经常参加运动的人，反应速度都较一般人快些，非常有利于提高学习和工作效率。而且，经常参加运动对有轻度神经功能障碍者的功能恢复是药物治疗所无法替代的。

另外，体育锻炼也能提高各种感觉器官的功能。不可否认，体育锻炼是防治脑力过度疲劳的良方，是一种积极的休息方式。适宜的体育锻炼，如课间操、晨间操、慢跑、打球等有利于保持充沛的精力、清醒的头脑、良好的记忆力和敏捷的思维。

5.1.4 体育锻炼可以促进个性培养，陶冶情操

由于体育锻炼是在特定的器械和环境下进行，具有集体活动的特点，能够构成一定的锻炼时的"情境"，因而往往有助于帮助青年学生克服种种生理和心理障碍，培养勇敢、坚毅、果断、刻苦、耐劳等优秀品质。在体育运动的激励下，可增强人的自尊心、自信心和自强感，调节人的某些不良情绪和心理。通过锻炼，能改善人际关系，促进学生的自我认识，提高他们对人生、对社会的积极情感，使其充满激情和活力。体育竞赛活动，可启迪学生诚实、守纪、力争上游、胜不骄败不馁的优秀品质和作风。

5.1.5 体育运动能提高人体细胞免疫功能，增强机体抗御疾病的能力

研究表明，不经常运动的人癌症发病率要比经常运动的人高出七倍。此外，体育运动时呼吸肌和膈肌有节奏地活动，以及胸腔、腹腔内压力发生的有规则的变化，可对内脏起到一种"内按摩"作用，从而促进胃肠蠕动、消化液分泌，有助于消化和吸收功能的改善。这就是为什么经常体育运动的人不易得习惯性便秘、胃下垂和消化不良等疾病的原因。所以运动是预防和治疗某些疾病，推迟衰老和延年益寿的重要手段。

5.2　体育运动的一般卫生知识

5.2.1　运动前后要做好准备活动和整理活动

通过准备活动，能克服内脏机能的惰性，提高中枢神经系统的兴奋性和全身的代谢水平，加强肌肉的柔韧性、弹性和粘滞性，扩大肌肉活动的幅度，提高运动的能力和预防创伤发生。运动后，通过整理运动使呼吸心跳逐渐恢复正常，使肌肉在逐渐放松时推动血液流动，防止血液淤积在下肢，引起血压下降而晕厥。

5.2.2　运动时要有正确的呼吸方式

正确的呼吸方式能够很好地保护呼吸系统，提高运动成绩，增强呼吸机能。一般情况下，最好用鼻呼吸，因为鼻腔血管丰富，能提高通过空气的温度；鼻腔上的黏液能提高空气的湿度，清除空气中的尘埃和杂质。但在剧烈运动时，为了摄取更多的氧气，还需口鼻配合呼吸，呼吸宜慢而深。

5.2.3　衣着要求

体育运动时所穿衣服要轻松、柔软、宽窄合体，以不影响运动为宜。夏天应穿浅色、单薄服装，戴白色凉帽；冬天可根据寒冷程度及个人抗寒能力穿着保暖的服装、手套和帽子。脚穿运动鞋或轻底布鞋，并且鞋袜不宜过紧，且应勤换洗。

5.2.4　注意合理的饮食

食物应清洁、新鲜、富于营养；饮食上应定时进餐，进食有节，三餐分配合理；进餐应时间合适，在进餐前后的一定时间内不宜剧烈运动，进餐后休息1—2小时可以参加运动；运动后休息半小时再进餐，切忌暴饮暴食。

5.2.5　讲究卫生

由于运动时排出大量汗液，因此运动后宜洗温水澡。温水可使毛细血管扩张，血液循环加快，促进代谢产物排出。相反，冷水澡使毛细血管收缩，血液流向心脏，加大心脏负荷量，会产生心慌、气短、头晕等症状。

5.3　女生体育卫生

女生的生理特点与男生不同，在运动中必须考虑到女生的身心发育特点，采取正确的方法进行体育锻炼。

5.3.1　女生体育卫生的一般要求

（1）女生在青春发育期，由于内分泌和生殖系统的迅速发育，特别是月经初潮时会产生心理、生理和智力行为等一系列变化。所以，女生应与男生分组运动，在运动的时间、内容、要求上应有所区别。

（2）对女生的运动成绩要求应比男生低，女生使用的运动器械较轻，应按规定的女生项目开展体育活动。

（3）由于女生的肌肉比较纤细，心脏的容积和肺活量较男生小，使得她们的肺通气功能和换气功能不如男生，降低了她们的力量和进行耐力性运动的能力，因而运动负荷应相应减小。

（4）女生的骨骼柔软，肩部较窄，肩带肌较细弱，因此进行两臂训练时要遵循循序渐进的原则。女生在青春期骨盆发育尚不完全，不可做过多、过重的负重跳跃练习，特别是不对称的负重练习。从高处跳下时，地面不可过硬，应注意落地姿势的正确性，以免身体过分震动而影响骨盆的发育和形态。

（5）女生在运动时应特别注意加强肩带肌、腰背肌、腹肌和骨盆肌的锻炼，有利于发展女生的肌肉力量、协调性、灵活性和柔韧性。

（6）女生应注重锻炼的自觉性。通过锻炼克服和改善自身的弱点，努力提高力量、速度和耐力等素质，从而能够在劳动和运动中承担更大的负荷量和掌握更高的运动技巧，使自己的身体更健康。

5.3.2　经期运动

身体健康、月经正常、平时经常参加体育运动的女生，在经期继续参加适量的体育活动是有益的。因为适当的运动可以改善盆腔的血液循环，加上腹肌、骨盆骶肌的收缩和放松对子宫起到柔和的按摩作用，有助于经血的排出，并且可以调整大脑皮质的兴奋和抑制作用，减轻全身的不适感。

一般来说，经期锻炼应注意下面四项：

（1）来月经的第一、二天可做少量轻微的活动。如健美操、徒手体操等，运动时间不宜过长。

（2）经期不宜参加剧烈运动和比赛，也不要做跳跃和收腹动作以及腹压过大和静力性训练，以防引起出血过多或改变子宫位置。

（3）经期不宜游泳。因为经期宫口张开，子宫内膜破裂出血，容易感染细菌，引起炎症。

（4）经期有明显的不适，如腹痛、腰背痛、经血过多或过少等，可做轻微的体育活动，上体育课时间可旁听见习。

经期能否参加训练的问题因人而异。如月经正常、无特殊反应，可以参加训练，但应注意调节运动量，并加强医务监督，经期最好停止体育比赛。

5.4　游泳卫生

（1）游泳前必须进行体格检查，凡患有心脏病、高血压、结核病、肝炎、肿瘤、精神病、癫痫病以及被医生劝告不宜游泳的病患者，均不能游泳；女生在经期和孕期前后也不宜游泳；患菌痢、沙眼、耳疾者，治愈后方可游泳，以保证游泳者的安全和他人的健康。

（2）进餐不久或饥饿时不宜游泳，一般饭后半小时方可游泳，否则会出现恶心、呕吐、腹痛等症状，影响食物消化。饥饿时游泳会引起头晕，对健康不利。

（3）酒后或剧烈运动后不宜下水，因为此时会使扩张了的血管骤然收缩，血液回流，加重心脏负重。

（4）入水前要做好准备活动，准备活动以达到关节肌肉活动开，身体微微发热为止。为了保持池水清洁，使身体逐渐适应水温，下水前先用冷水冲淋一下，可以防止抽筋。

（5）在江河湖海中游泳，应先了解清楚水域情况。一般不在工业废水、粪便污染的脏水中游泳，不在流速过急、有漩涡暗礁、水草杂生的地方游泳。加强游泳管理工作，所圈定的游泳范围，应有明确标志，并备有急救设施。

（6）游泳的时间不宜过长，尤其是在低温的水中。如感到寒冷颤栗，应立即上岸，用毛巾将身体擦干擦热，穿好衣服。在水中发生抽筋或其他异常情况，不要惊慌，要及时自救或呼救。

（7）游泳衣裤要合体，以不透明的深色为宜。

（8）游泳时，如耳朵进水，应及时排出。上岸后，头应偏向进水耳朵的同侧，同时在原地轻轻跳跃，耳内的水即可排出。

5.5　防治运动性外伤

5.5.1　怎样预防和处理运动中的不良反应

5.5.1.1　运动中的不良反应

1. 肌肉酸痛

许多人参加锻炼后发现，在运动次日后明显感到肌肉酸痛，持续2—3天，5—7天后酸痛基本消失。这在运动医学上称为"延迟性肌肉酸痛症"，是正常的生理现象。除肌肉酸痛外，还有肌肉僵硬，经用热敷、放松按摩或外用按摩乳、红花油等处理，可以促进肌肉酸痛的消除。

2. 腓肠肌痉挛（俗称小腿抽筋）

在下肢局部肌肉负荷过大、过度劳累或身体出汗过多等情况下均有可能引起小腿抽筋、肌肉僵硬和疼痛难忍等情况。多见于游泳、田径和球类运动项目。小腿抽筋应在抽筋部位拍打或按摩肌肉，也可将抽筋一侧的下肢强行伸直，双手持续用力将足背屈起，会收到较好效果。出现抽筋状况较多者可口服适当盐开水进行治疗。

3. 运动中腹痛

多见于中长跑、竞走和自行车运动项目。腹痛部位多在心窝部、右上腹，其次是左上腹和脐周部。原因往往是饮食过饱，饭后过早参加运动或者空腹运动。运动中因受凉等原因引起胃肠痉挛产生腹痛，部位在心窝和脐周。运动前准备活动不够，开始运动时速度过快，呼吸快而浅表，妨碍肝静脉血回流，引起肝脾淤血肿胀，产生左右上腹部腹痛。原有内脏慢性炎症（慢性阑尾炎等），在剧烈运动时可诱发右下部疼痛。一旦运动中出现腹痛，首先要减慢运动速度，加深呼吸，按压腹痛部位可以使腹痛缓解；胃肠痉挛者需口服藿香正气液或解痉药（如阿托品、普鲁本辛）。经上述处理腹痛仍无缓解的应去医院检查，有内脏慢性炎症者平时应进行及时治疗。

4. 过度紧张

平时不经常参加身体锻炼或者有锻炼基础的人，因伤病、出差等原因而中断运动数日后，未经恢复性锻炼就参加剧烈运动或比赛，都有可能出现头晕、面色苍白、恶心呕吐、全身乏力、脉搏快而弱，甚至呼吸困难、嘴唇青紫、咳红色泡沫样痰等急性心肺功能不全的表现。当发现呕吐物为咖啡色（除摄入咖啡色食物外）时，应做呕吐物潜血试验，阳性者为急性胃出血或慢性出血性胃炎。轻度过度紧张者运动后不要马上躺倒休息，要有人扶着慢走，稍有好转后平躺休息，并注意保暖。急性胃出血病人应立即停止运动并进行治疗。呼吸困难、嘴唇青紫，甚至咳红色泡沫样痰者应半卧位，有条件时最好进行输氧处理并立即送医院进一步处理。

5. 运动性晕厥

运动中常因突然中止活动（尤其是到达终点后），使下肢血管失去肌肉收缩的挤压作用，加上血液本身的重力，大量血液滞留在下肢血管内，使回心血量减少，导致脑部一时性供血不足引起暂时性知觉丧失。这时可暂时将患者取平卧位，保持安静和空气流通，指压人中、百会和合谷等急救穴。

6. 低血糖症

空腹参加长时间持续运动容易导致运动性低血糖症的发生。表现为非常饥饿、疲乏无力、头晕、心悸、面色苍白、出冷汗等。一般停止运动和口服热糖水或吃少量食品后，会逐渐好转。

7. 运动性血尿

有些人在剧烈运动后出现血尿，停止运动后，血尿在三天内自行消失，且其他检查正常，这称为运动性血尿。如果减少运动量或停止运动数日后仍有血尿，应进一步检查原因。

8. 中　暑

炎热的夏季，在高温环境下进行较长时间的运动，特别是在身体疲劳、有病、饮水不足和头部直接照射阳光等情况下，更易发生中暑。中暑时会出现头昏头痛、烦躁心慌、口渴、大量出汗、全身乏力等不适，严重时会无汗、体温升高、腹部和四肢肌肉痉挛。出现中暑时应先将病人移到荫凉通风处，口服清凉饮料及十滴水或霍香正气液；高热病人头部应冷敷，松解衣服，用浓度为50％的酒精擦身降温。

5.5.1.2　运动中不良反应的预防

首先，要根据自己的身体状态，选择合适的运动量进行锻炼。平常不锻炼或少锻炼的人，不要"突击"参加运动会，运动前要做好充分的准备活动。因伤病、出差中断运动时间较长者，应有两周左右的恢复性锻炼，方可参加剧烈运动。要养成良好的卫生习惯，不要饮食过饱、饭后过早或空服参加运动。一次性大量饮水，无论是运动前或运动后，对肌体都是有害的。参加运动的衣服和鞋子要符合运动项目的要求。

5.5.2　运动创伤的预防和处理[1]

在体育锻炼或训练的过程中，尤其是在比赛中，运动损伤时有发生。能否及时予以应急处理，对伤病的早期恢复极为重要。每个学生都应掌握一些常见运动性损

---

[1]　张瑞林译. 体育保健与康复[M]. 北京：高等教育出版社，2005.

伤的自救互救办法，以便保护身体健康，并为他人健康服务。

5.5.2.1 软组织伤病的应急处理

软组织伤病是指皮肤、肌肉、肌腱、腱鞘、韧带、滑膜、滑囊、软骨、骨膜、骨骺、脊髓、周围神经、周围血管等由于损伤而发生的疾病，这与中医所说的"伤筋"有类似之处。运动性软组织伤病多因跌撞、打击、压挤、砸碾、扭转等机械因素所致。

1. 闭合性软组织损伤

这是指受伤区皮肤完整，皮内受伤的组织与外界不通，损伤引起病理改变的组织发生在皮内。常见类型有：

（1）挫伤：指钝形物体直接作用于肌体而造成的损伤，但受伤局部皮肤未破，皮下软组织如脂肪、筋膜、肌肉、骨膜和血管神经发生变性破坏等病理改变。患部表现为红、肿、淤血、血肿，继而发紫，压痛明显。重症可继发患部关节或附近关节的功能障碍。

（2）扭伤：指猛烈转动使关节超出了它正常的生理活动范围而引起的外伤。关节面发生错位，关节副韧带或关节囊发生张力改变或组织断裂改变，可继发出血、肿胀、关节功能障碍等病理改变。

（3）拉伤：指因各种原因超过肌肉或肌腱所能承受的牵拉力极限而引起的损伤。肌纤维、肌腱被撕裂，继发出血、肿胀、淤血、血肿和患部肌肉反应性痉挛，收缩功能障碍。

2. 闭合性软组织损伤的处理

包括皮肤擦伤、肌肉拉伤和挫伤之类的损伤，受伤局部疼痛、肿胀、压痛和活动障碍。开放性损伤有创口出血，伤后24—48小时内称为急性软组织损伤的早期。急性闭合性软组织损伤的早期处理方法有：

（1）冷敷：它具有止血、止痛和减轻局部肿胀的作用。受伤局部尽快用冷自来水冲淋约15分钟，也可用冰水、冰袋、白酒或酒精（浓度为50%—70%）冷敷。应急时，可就近买棒冰捆绑在肢体受伤部位。有条件时可用冷镇痛气雾剂喷射受伤部位，喷射距离约10厘米，喷射时间3—5秒钟，重复使用至少间隔半分钟，不宜使用于面部和创口。冷敷要当心防止冻伤，尤其是在寒冷的冬季。急性软组织损伤原则上1—2天内是不能搓揉和热敷的，其主要目的是减少和阻止局部皮下和软组织的继续出血，只有在损伤后1—2天，局部出血已停止的情况，才能使用伤湿止痛膏之类的膏药以及局部热敷等消肿措施。

（2）加压包扎：它是处理急性软组织损伤的关键，包扎得当可止血、防肿和缩短伤后康复时间。现场可用绷带、手帕、布条加压包扎约24小时。包扎时要注意松紧适当，讲究实效，包扎太松起不到加压作用，太紧会引起局部血液循环障碍。一旦出现肢端青紫、麻木感，应及时松开，重新包扎。

（3）制动和抬高患肢：当肢体受伤严重时，为防止局部继发出血，减少肿胀和痉痛，一般采用限制肢体活动和抬高患肢数日的方法来促进血液、淋巴回流。开放性软组织损伤，首先要止血，方法有直接压迫和加压包扎止血。要尽可能减少创口和不洁物品的接触。必要时服用消炎片，以防感染。

（4）伤后48小时可改用热敷疗法，可给予理疗。开始时最好做超声波治疗，后期再进行热疗。这对于消除炎症、缓解症状、促进恢复有一定效果。伤后4—5小时，为防止受伤肢体的粘连与萎缩，促进损伤组织的愈合和活动能力的恢复，可逐渐增加局部的功能锻炼。晚期，患部可用浓度为1%—2%的普鲁卡因（4—8毫升）加醋酸泼尼松龙（12.5毫克）做局部封闭，以达到镇痛和加速消炎及愈合的功效。

（5）重症软组织损伤病。比较严重的断裂伤，要用木板或石膏托固定，送专科医院处理。如怀疑伴有骨折或脱位者，则应就地取材予以固定，及时送专科医院处理。如有忽视或处理不当，将会造成后遗症。

3. 开放性软组织损伤

这是指皮肤破裂，向体外流血或渗血，皮内受伤的组织与外界相通的损伤。常见类型有：

（1）擦伤：粗糙的物体平行或斜行擦过皮肤，致使表皮或膝部的真皮破溃形成伤口，有渗血或有组织液渗出。

（2）切割伤：锋利的锐器划过皮肤，致使皮肤或连同皮下组织发生断裂，形成边缘整齐的裂口，往往伴有血管断裂向外流血，如伤及动脉血管，则向外喷血。

（3）裂伤：钝品打击或擦过皮肤，致使皮肤裂开，但裂口不规则，边缘不整齐，损伤范围较广泛，且有出血或渗血。

（4）刺伤：尖锐性硬物插入皮肤，深达骨或内脏，伤口不大但较深。如危及脏器则可能造成严重的内伤而危及生命，应及时送医院诊治。

4. 急性开放性软组织损伤的处理方法

应用生理盐水或浓度20％的酒精清洗伤口，清除侵入伤口内的异物，再用浓度75％的酒精消毒杀菌，继后敷药（如璜胺消炎粉、止血粉、云南白药等）盖上纱布，压迫纱布直至渗血停止，然后外用胶布固定。

浅表伤，如擦伤，一般不必包扎，可在清净伤口后用消毒玻璃纸压贴在伤口上，使其在创面外形成一层保护膜。

切割伤或裂伤的伤口小，经消毒处理后可用蝶形胶布黏合，或直接粘贴伤口胶布。如伤口较大较深或并发血管损伤者，应加压包扎，速送医院外科给予清创缝合手术。

钉鞋刺伤的伤口，则应注射破伤风抗毒素，预防感染破伤风。开放性软组织损伤易继发细菌感染，因此应给予适当抗生素，如复方新诺明、甲烯土霉素等。

5.5.2.2　骨折和关节脱位（也称脱臼或脱骱）

骨折和关节脱位在运动中时有发生，伤后除局部疼痛、压缩、肿胀和瘀斑外，还可能有导致畸形和活动障碍。常见骨折部位有锁骨、肱骨下端、桡骨下端、腓骨下端及第五跖骨基底部等。常见关节脱位有肩关节、肘关节、指关节和髋关节等。现场应先固定，如果是开放性骨折（或脱位），应先止血，再包扎固定，原则上要同时固定骨折（或脱位）部位的近、远两端。开放性骨折或关节脱位，要保护创口清洁，切勿将露出创口的骨组织送回创口内，以免引起发炎。当骨折复位后，固定满两周，应尽早做肌肉的等长收缩（肌肉起止点距离不变）活动，以改善局部血循环，防止肌内明显萎缩，并有利于组织愈合。发生骨折时要特别注意是否伤及神经、血管和内脏。

5.5.2.3　脑 震 荡

运动中所致头部外伤，发病率虽然不高，但危害严重。头部直接受暴力打击，如足球赛中头顶球时不慎头部相撞，技巧和体操空翻不到位时头部着地，拳击以及跳水运动时不慎头部着地等。头部外伤后出现意识暂时性障碍或昏迷（时间从数秒到半分钟不等）、逆行性健忘（对受伤前后的经过不能回忆而对往事记忆清楚），头痛、头晕、恶心呕吐可持续数日，血压、呼吸、脉搏，神经系统和脑脊椎液检查正常。处理上始终强调绝对卧床休息，直至上述症状基本消失，并适当配合药物治疗。

　　运动损伤除少数严重者需全身休息外，绝大多数情况只要求受伤局部休息，以保护身体机能水平。即使休息的肢体也需进行早期功能锻炼（除避免重复损伤动作外），以利于伤后愈合和功能的恢复。慢性损伤一般不需休息，要练治结合。伤后恢复锻炼的时间可根据损伤后大致的愈合时间来决定：肌肉损伤7—10天，韧带损伤7—14天，肌肉韧带断裂3—5周，骨折4—12周（也可能长达半年才能愈合）。组织损伤的愈合时间受到损伤的程度、治疗效果和个体差异等多种因素的影响。肌肉损伤要待肌肉试验呈阴性后方可参加运动，先主动性、静力性锻炼，再逐步过渡到负重和剧烈运动。骨折愈合后，骨折部位无疼痛和压痛可参加运动。恢复运动时可用护腿、护踝、护膝、护肘带保护。

　　预防措施：①提高对预防损伤重要性的认识，纠正"运动损伤不过是小伤小痛关系不大"，"要锻炼，要提高成绩，损伤是难免的"等错误观念；②运动前要充分做好准备活动，尤其是那些最易受伤或者受过伤的部位，准备活动也不要做得过早和过量；③身体机能状态不良，如伤病、过度疲劳时要调小运动量，千万不要随心所欲猛练一阵子；④运动要讲究道德，不要有意违反规则，动作粗野害他人。

5.6　"学习卫生"知识

　　提及教育工作必定谈到学习。21世纪是知识经济的社会，学习是每一个人的终生工作，知识的更新迫使你养成再学习的习惯。就学习的内容而言，从基础性常识到专业性理论，从小学、中学到大学，乃至研究生阶段都是以科技文化为学习的主要内容。然而，如果问及什么是"学习卫生"，可能大多数学者并不能准确回答这个问题。现在，我们一起来讨论什么是"学习卫生"。

　　"学习卫生"的任务是：从现代健康理论出发，遵循生理学、心理学及学习心理学等理论，合理组织教育及教学工作，使学生能够保持最佳的生理、心理状态；最大限度地发挥大脑潜力，保证大脑皮层的正常活动，提高学习效率；预防疲劳和过度疲劳，避免各种不利于学生健康发展的有害因素，保护学生身心健康和促进正常发育发展，从而达到德、智、体、能全面发展的目的。珍妮特•活斯和戈登•德莱顿合著的《学习的革命》一书，对什么是21世纪应该面对的学习内容及终身学习计划的认识有一定的启示，当然也引起我国教育界的重视，结合我国的实际情况，创造出适合我国国情的学习革命的新思路。

本节重点讨论用脑卫生和如何提高记忆力、睡眠卫生、用眼卫生等与学习有关的问题。

5.6.1 用脑卫生

脑是人生命以及思维的基础和中枢，有着极为复杂的结构及机能，至今人类科学并未完全了解自己的大脑。了解怎样科学用脑，学习一些与脑组织相关的基本知识，对学生是十分有益的。

5.6.1.1 人脑的结构和功能

人脑从解剖学上分为大脑（分为左右半球和胼胝体三部分）、小脑、间脑（分为丘脑、下丘脑等部分）、中脑、桥脑及延髓六个部分。通常把间脑、中脑、桥脑及延髓四部分合称为脑干。这六部分的结构各不相同，极为复杂，各部分既各司其职又相互联系。人脑是由大约一千亿个神经元组成，人脑各部分的主要功能分别为：

（1）小脑：主要是协调骨骼肌的活动和调节生理平衡。

（2）间脑：丘脑是通向大脑的接力站。下丘脑与情绪反应有关，既能调节机体的自主性活动，又是调节体温、血压、食欲、饮水、睡眠及觉醒等的中枢，起到"生物钟"的作用。

（3）中脑：大脑和脊髓之间上上下下所有神经冲动的通路。中脑还是视觉和听觉反射中枢。

（4）桥脑：将来自大脑高级中枢和脊髓的神经冲动传送到小脑，是整合左右侧身体运动的重要部位。

（5）延髓：具有连接脊髓和大脑的升、降神经纤维通过的功能，是调节循环、呼吸等功能的基本生命中枢。

（6）大脑：是人类神经系统最高级的中枢，是思维活动的器官，用脑卫生的生理基础就是指大脑的功能。

5.6.1.2　大脑皮层功能

大脑主要包括左右大脑半球，中间由称为胼胝体的纤维束板连接。人脑的重量平均为1 360克，其差异并不是聪明与愚笨的根据。大脑表面呈沟回状，覆以由脑神经细胞体组成的灰质层，称大脑皮层。人的大脑皮层面积约2 200平方厘米，约1/3露出表面，2/3在沟裂的底和壁上。皮层的每一部分既是某些传出纤维的终点，又是其他一些传入纤维的起点，其间还有中间神经元。这些神经细胞具有广泛的突触联系，尽管形态与功能迥异，但是各种神经元之间都是复杂相关的系统，为人的心理活动提供传输保障。

大脑皮层对来自机体内外的各种刺激加以分析和综合，产生感觉、思维，并建立语言和支配行动，从而形成人类对自然和社会变化的适应能力。人所具有的思维能力，是人与其他高等动物的最本质的区别。

大脑皮层工作的特点及规律与人体存在的"生物钟式"的生理活动一样，都具有一定的生物节律。人的生物钟大体可分为：猫头鹰型和百灵鸟型。"猫头鹰型"的人，夜间脑细胞转入兴奋状态，精力高度集中、思维活跃、工作效率高、入睡迟、起床也迟。"百灵鸟型"的人在清晨和白天精神好，记忆和创新效率较高，晚上脑细胞往往转入抑制状态。每一个人应按自己的生物节律生活与学习，可以提高工作效率及学习效率。但人的生物节律并非一成不变，人在自己需要改变或环境改变时，可以改变或调整"生物钟"。大脑皮层工作的特点及规律有：

1. 始动调节

这是大脑皮层相应区域启动的功能活动。当人处于工作或学习的开始阶段，大脑皮层的工作能力往往比较低，需要有一个适应过程。其原因是神经细胞也和机体的其他组织一样具有"惰性"，需要通过一定的时间来客服大脑自身的这一弱点，而且神经系统对其他器官及系统的调节也需要一定的时间。根据这一特点，学习应该遵循循序渐进的原则。

2. 动力定型

指一系列的刺激按一定的时间和顺序，多次重复作用于大脑皮层，使大脑皮层上的兴奋和抑制过程在空间和时间上的关系固定下来，其反应变得愈来愈恒定和精确。神经细胞将以最经济的消耗获得最好的工作效果，即形成大脑皮层的动力定型。动力定型的形成，年龄愈小愈容易。"条件反射"、"熟能生巧"就是动力定型的结果。一切学习习惯和工作技能的培养与训练过程都是大脑皮层工作的动力定型的形成过程。

3. 镶嵌式活动

指大脑皮层不同区域的神经细胞组执行不同的功能。当从事某一活动时，只有特定区域的神经细胞处于兴奋状态，其他部分处于抑制状态，大脑皮层形成了兴奋区与抑制区、工作区与休息区互相镶嵌式的方式。学习上，利用该特点采用脑力与体力工作交替，不同性质课程轮换的方式，使大脑皮层兴奋与抑制交替进行，减少大脑疲劳，保持良好的状态。

4. 优势法则

在大脑皮层相应区域产生兴奋灶，并将大脑皮层其他区域的兴奋性吸引过来，加强本身兴奋度，使反应能力处于最佳状态而抑制其他部位的反应。良好的心境有利于形成优势兴奋灶，使学习效率提高，易于形成条件反射及集中注意力，发挥人的主观能动性。

5. 保护性抑制

指大脑皮层神经细胞在外界因素过强或过久的刺激下，为了预防其出现过渡消耗而使大脑皮层出现了"超限抑制"，使脑细胞得到休息。这是大脑产生的自我保护性抑制状态，如已发生"超限抑制"后仍强迫大脑继续无休止地工作，使大脑过度疲劳，会使学习效率降低，甚至可能损害大脑功能。

了解以上大脑皮层活动的特点及规律，就可以知道自己学习时应该如何注意用脑卫生，使自己的大脑工作效率提高。除以上脑的解剖基础及思维活动特点外，人脑组织供氧、供能等生理系统也是至关重要的。脑组织正常血液供应是保障正常供氧、供能及其他物质的基础。人处于休息状态时，大脑的耗氧量占全身总耗氧量的20%。在紧张的脑力活动中，耗氧量要占到全身总耗氧量的30%以上，脑组织对氧的摄取量可达到80毫升/分，而静止状态下仅为50毫升/分以下。人脑细胞在断氧5分钟后即可能发生不可逆转的坏死。脑组织的供能完全依靠葡萄糖在有氧条件下进行的能量代谢。脑内血液循环系统在脑力活动增强时，自动地舒张脑血管，降低血流阻力、增大血流量，使脑组织周围的毛细血管与脑细胞接触面积扩大，增强氧弥散和能量转换能力，这是一套效率极高的自我调节机制，脑供血增加的同时四肢及腹腔脏器的血液供应相对减少。这一整套生理系统及调节功能保证了脑组织的正常活动，如果破坏供血的生理规律或超越了生理调节的极限，导致脑组织神经功能的紊乱，会影响脑组织的功能。

5.6.1.3　合理用脑

大学生一般都是静坐在教室里低头弯腰进行学习，长期处于这种姿势，往往会有头昏脑涨、腰酸背疼的感觉，严重的会造成脑力疲劳。这是由于颈部长时间向前弯曲，使流向脑部的血液受到限制，脑部供血不足引起缺氧，导致头昏脑涨。大脑长期处于兴奋状态，也容易引起类似神经衰弱的症状。合理用脑应当做到：

1. 调整学习时间

合理用脑的关键在于掌握大脑活动的特点及规律。由于大脑本身具有反射性特征，长期作息制度下所形成的学习与生活的"生物钟式"节律，将使大脑处于最有利于工作的功能状态。根据大脑皮层的动力定型原则，通过对自己的心理素质及学习过程的培养，逐步养成良好的学风。依照镶嵌式活动的特点，安排好学习时间，根据学习内容及课程进度，调整学习计划，尽可能使脑力工作的内容多样化。

2. 适当的户外活动和充分休息

户外空气清新，加上适当的活动，可以促进心脏的血液输出，改善大脑的血液循环和供氧能力。人的大脑细胞各有分工，指挥肌肉活动的神经细胞和负责思考问题的神经细胞并不相同。当进行户外活动时，管理肌肉活动的这一部分神经细胞在兴奋，而思考问题的神经细胞处于抑制状态，即得到了休息，再继续脑力劳动时才不至于疲劳。大学生还应当保证充足的睡眠和充分的休息，中午的短时间午休，能保证下午头脑清醒、精神饱满。

3. 防止过度用脑

大脑长期处于紧张状态或进行长时间的思考，都会导致效率降低。所以大学生在用脑时，不要安排过长的时间，一般学习一个小时左右，应该休息10分钟。做一些文体活动可以使大脑不同线路的神经元通路和网络轮流兴奋和开放，从而使疲劳的部分大脑得到休息。这种积极的休息还能加强心血管的机能，促进血液循环，提高机体免疫力。不少人有这种体验——长时间用脑后习惯性地打哈欠、伸懒腰，会感觉舒服些。这种习惯性的动作，实际是帮助身体进行深呼吸，使肺部尽量扩张，排出更多的二氧化碳和吸入更多的氧气，就可以减轻疲劳，使精神得到一些恢复。

4. 对大脑要做到使用和训练相结合

人脑活动的神经细胞约有140亿个，而人的一生中脑内可贮存1 000万亿个信息单位，可见，普通人只利用了人脑能力的1/3。因此，认为"用脑愈少脑保养得越好"的观点是一种误解。实际上，合理用脑只会使脑越用越灵活。大学生应当积极使用和训练自己的大脑，使之贮存更多的知识信息，充分发挥大脑的智力潜能。

5. 纠正不良学习习惯

常见的不良学习习惯有："开夜车"式的学习、饭后学习、突击及疲劳作战式的学习等。学校的教学课程大部分安排在白天，学生并不能随意支配学习时间，加之，白天大量的学习课程已消耗了大量的精力，晚上自习后应该尽快使自己得到充分的休息，保持自己的生物节律。饱食之后立即进入学习模式，会使脑供血与消化道供血处于竞争状态，往往会造成脑供血不足或引起消化不良。餐后消化道处于工作状态，血液需求量增加，血液重新分配，使大部分血液都集中在消化道中，脑部供血相对不足。这也是午餐后，大脑表现出"昏沉沉"的倦怠感的原因。另外，饭后食物尚待消化，血糖浓度并未升高，此时强迫用脑也不利于脑组织供能。

近年，我们发现有这种现象，学生们为考研或出国，提前学习今后课程及增加学习量，延长学习时间，许多人不能掌握学习的"度"而导致脑部疲劳、神经衰弱，甚至有个别学生发生猝死的现象。造成"开夜车"式学习和疲劳作战式学习的原因很多，比如看电影、看电视、玩电脑以及无节制地看小说，甚至谈恋爱等。平时不注意复习巩固学习内容，考试前突击复习并长时间疲劳作战，开夜车等，这些均是不可取的学习方式。

5.6.2　怎样提高记忆力

记忆能力与用脑卫生中大脑皮层的功能是不可分割的，优化记忆能力是每个学生感兴趣的内容。

记忆的概念是指人脑能够识记、保持和再现（或再认）曾经经历过的事物的心理特征，即对过去经验中的客观事物由记到忆的心理过程。其中识记即识别和记住事物特点及其相互联系的过程；保持即暂时联系以痕迹的形式留存于脑中；再现（或再认）即暂时联系的再活跃及显现的过程。从记忆概念可以看出，记忆的心理过程受大脑的基本神经过程和暂时联系规律所支配。当客观事物呈信息形式（语言、文字、符号等）经过触、视、听等感觉器官传递到相应脑中枢，在新信息兴奋灶与原来已经存储的信息联系接通的情况下，形成新的暂时联系，经过分析综合，产生知觉记忆、思维等一系列心理活动，并再次将新知识储存在脑中。

识记分机械识记和逻辑识记。机械识记是根据材料的外部联系，采取简单重复的方式所进行的识记，其主要方法是反复强化；逻辑识记是凭借已有的知识经验，通过理解去记住事物的特点及其内在联系的识记，它具有高度的理解性和逻辑性。

记忆在人类生活中的重要性不言而喻，它是保证人们掌握并逐渐积累过去的丰富经验的基础。有了积累才有比较和鉴别，才能"吃一堑长一智"，促使人脑功能和人类心理活动不断发展。

记忆有不随意记忆和随意记忆。学龄前儿童，记忆多带有不随意的性质。随意的识记、回忆等在学龄初期，由于适当教育的影响才逐渐形成，并随着语言、文艺的发展而发展。

人类为了增进记忆，发明了各种办法，如做笔记、文摘、备忘录，进行录音、录像记录，以及伴随着计算机和网络的发展而出现的电子出版物。计算机的工作过程颇似人脑的记忆过程，在输入（学习）各种信息后，能对大量而又复杂的信息数据进行处理"分析"，并且能够大量存储（记忆）及复制数据及信息。因其对信息数据运算处理的速度之快、储存的信息容量之大及数据之准确（记忆力之强），实为人脑望尘莫及，故又称之为"电脑"。然而，大家都知道再先进的"电脑"，其记忆过程也不可能完全代替人脑的记忆。因为人类的记忆并不单纯是一个识别、储存和再生的过程，还包括一系列思维处理过程，即人类记忆具有其本身固有的生物学特性，如人脑在记忆过程中的"不变量形成"特性及"信息平行处理"特性等。

大脑的边缘系统与记忆有直接关系。边缘系统（Limbic System）的组成包括：大脑古皮质（海马、齿状回、胼胝体上回、胼胝体下回、旁嗅区）和旧皮质（梨状区：海马回前端、海马回钩），一部分发育停滞的新皮质即中间皮质（海马回后部、峡部、扣带回、前颞叶皮质），皮质下结构（杏仁核）以及间脑（丘脑下部、丘脑前核、丘脑背内侧核）和中脑（中脑背盖、脚间核）等各部结构。它们互相之间有着复杂的纤维联系组合成一个特殊的机能单位，参与情绪、行为和记忆有关的反射活动。

5.6.2.1　记忆的特点

记忆的好坏，首要看记忆所保持时间的长短，有些研究者也将其作为记忆的分类标准。

即刻记忆又称为瞬时记忆或感觉记忆，指只能保持几秒至几分钟的记忆。如立即重述别人所说的姓名、电话号码、简短语句及心算过程的数字等，均是即刻记忆。当人们通过感知器官获得某些信息时，即刻记忆可在短暂的时间内将信息保留在脑内的相应部位，如果对进入信息不加以注意和处理，记忆会很快消失，这种信息记忆以直接感觉映像为基础。

近事记忆又称短期记忆，指能保持十分钟到几小时，甚至几天的记忆。如回忆出昨日做过哪些事情、吃过什么饭菜等。短期记忆的能力有限，记忆储存中的信息属于短时应用性质，信息保持不牢固，易被新的信息所排挤，出现顺行性遗忘。

远事记忆又称长期记忆，指对既往很久事物的记忆。如学到的基本功、语言、技术及既往遇到深值回味的事情等均是长期记忆。长期记忆的记忆容量大、记忆较巩固，记忆信息已在脑内经过归类加工、整理储存，易再认、再现，记忆时间可持续几年、几十年，甚至终生不忘。

即刻记忆和短期记忆在本质上都是脑电流流动，是信息电变化的过程，因此很容易被外界的电活动干扰，保持时间不长。远事记忆是通过大脑皮层内生化反应而实现的——RNA（核糖核酸）参与的记忆蛋白合成反应。短期记忆在脑内持续的电活动促进了形成远事记忆的生化反应，使记忆能够保持更长远的时间。记忆的特点反映了人们在记忆过程中的不同阶段，记忆的形成过程是从记忆不巩固阶段到记忆巩固阶段，从短期记忆经重复刺激至远事记忆的多阶段过程。

5.6.2.2　记忆能力的判定

记忆能力的判定指对记忆存储材料的提取、回忆的准确程度。人类的学习过程，是一个对事物识记的过程，经过简单的机械性识记到复杂的逻辑性识记，将事物进行归类处理，存储到人脑内，使人脑内有难以计数的知识储量。知识及技能积累的目的是应用，故准确性记忆尤为重要，是记忆能力判定的最主要条件及指标。如果不能根据应用的需要准确无误地提取信息，不能把记忆准确的事情与记忆模糊的事情加以区别，就失去了记忆的准确性，是非常痛苦的事情。如果记忆准确性差的人凭主观意向推测事物及知识，甚至任意歪曲事实及其主要环节，对自己来说即是记忆品质的缺陷，对他人而言是很令人反感的行为。即刻记忆和近事记忆的准确性差，而远事记忆一般说来准确性较好。远事记忆的过程是对近事记忆内容的反复复习、比较、分析及综合判断的过程，是通过"学习—巩固—再学习"而形成的。每一个大学生都有这样的体会：在学习基础知识、语言（如英语）、专业课程等内容时，反复多次地对同一内容进行复习，重复和应用某段语言文学，反复推导及运算某一数学公式，知识及语言的记忆准确性必定会提高。医学院校的学生体会更深，由于医学课程记忆的内容颇多，必须反复阅读、记忆（特别是形象记忆）及分析要点，才能对课程内容形成牢固的远事记忆，因为在今后工作中，这些课程内容将是临床应用的基础，也是联想、创新的基础资本。另外，现行的教育考试中强调基础、基本技能及知识面，故优选题、多选题等客观评分形式的考试越来越多，答题卡应用越来越普遍，对答题的速度和准确性要求更高，远事记忆的优势在这时可以准确地发挥。突击学习所形成的近事记忆在考试时肯定有许多是模糊概念或印象，在答题时肯定会犹豫。要注意在答题时，远事记忆所形成的第一印象（答案）往往是正确的。

5.6.2.3 记忆的持久性

记忆的持久性指记忆有效时间的长短。远事记忆所记忆的事情及知识在人脑保持的时间较长，而即刻记忆，如近事记忆的持续时间短。记忆的持久性有着比较明显的个体差异性，这种差异性与个体的生理记忆能力有关，但也与个体对被识记事物的兴趣、印象及对知识内容的需要等的深刻程度有密切关系，不能用"记忆持久性"指标来评价每一个人对同一事物的记忆能力的优劣，但对同一个体来说，其仍能衡量在头脑中对记忆材料的记忆能力。与记忆准确性一节所谈及的内容一样，只有大脑接受信息的反复性刺激，学习中反复多次地对同一内容进行复习，才能促使知识信息进入头脑较持久的储存系统，有利于提高记忆的持久性。大学生在学习时复习次数越多，记忆保持的时间越久。

5.6.2.4 记忆的灵敏性

记忆的灵敏性是指对事物一次性呈现后所能记忆的速度，并能多少次复现的能力，是构成记忆效率的先决条件。不同人的记忆灵敏性差异很大，这与人们在记忆不同内容上的表现有关。可以把人分为形象记忆型、语词—逻辑记忆型和混合型三种。有的人善于视觉记忆，有的人善于听觉记忆；有的人对图像敏感，有的人对文字敏感；再就是有些人记得快，忘得也快，有些人记得慢但却记得牢靠。记忆的灵敏性还与所学知识的程度、所学专业类型、爱好及注意力是否集中等因素有关。属于形象记忆型的艺术家，对与自己艺术内容相似的艺术非常敏感，学得快，并能融入到自己的艺术表现手法之中。属于语词—逻辑记忆型的数学家、哲学理论家对数字、文字敏感，善于理论性研究及严谨的表达。而工程师、发明家属于混合型，对两种记忆的灵敏性均有所具备。

5.6.3　增强记忆的条件及方法

增强记忆的条件有：①注意力集中；②记忆目标明确；③积极思维，力求理解；④丰富的知识经验；⑤及时复习；⑥运用和实践；⑦讲究记忆卫生。

一个人的大脑功能具有很大的潜力，不要片面地羡慕别人的记性好，抱怨自己的记性差，甚至埋怨父母没遗传给自己一个好脑子，认为记忆力的好坏是天生的，这显然是错误的观点。一位学者曾说，如果一个人终生好学不倦，那么他的脑子里一生所能储藏的知识将相当于美国国家图书馆藏书的50倍。但由于种种原因，人的记忆潜力远远没有发挥出来。增强记忆力主要注意下面几点：

首先，记忆的目标要明确，如果目标不明确，即使把一篇文章读上好几遍，也不容易记住。例如，一般住在楼上的人，尽管每天多次上下楼，他却答不上有几级楼梯，而住在楼上的盲人却能准确地回答上来。原因就是前者没有记住楼梯级数的目的和需要，而后者则有这种目的和需要。

其次，注意力要集中。有实验表明，以注意力高度集中的状态去阅读2篇文章比注意力不集中时阅读10篇的记忆效果更好。当有各种原因分散注意力时，只要有坚强的意志就可以克服情绪的阻碍。

多动脑思考也可以增强记忆。在工作和学习中，有时候不一定是有意识地记住某些东西，但经过动脑思考反而能记住。实验表明，平日的工作只需很少的记忆的人或工作单调没有压力的人，其记忆力往往衰退较早；而学习紧张、工作压力大、需要不断解决新问题的人，他们的记忆力强并且衰退的程度很小。这就说明，进行经常性的锻炼和练习，是保持记忆力的关键。

大学生应当发挥自己记忆力相对较好的特长，博学强记、日积月累。抱怨自己记性不好的学生，千万不能对自己的记忆力丧失信心。自卑感和自暴自弃的情绪本身就会降低大脑暂时联系的功能，使记忆效果下降。在记忆的方法上，要做到充分理解，尝试背诵效果。

值得一提的是，科学上认为有一种叫作"乙酰胆碱"的物质与记忆有关，它有兴奋大脑的作用，鱼、肉、大豆、蛋黄等许多食物里都含有这种物质，蛋黄中的含量最高。蛋黄里含有卵磷脂和甘油三酯，蛋黄在肠腔内被消化，卵磷脂释放出胆碱。胆碱通过血液进入大脑，和醋酸结合生成改善记忆力的乙酰胆碱。日本学者提出，人每日如能保证摄入牛奶250毫升、沙丁鱼50克、胡萝卜50毫克、橘子80克，那么在撰写论文或考试期间，他们大脑的效率比那些滥饮暴食的人要高得多。

为了保证大脑健康，增强记忆力，还必须克服不良的生活行为。首先是不吸烟，因为吸烟可使脑的兴奋和抑制过程发生紊乱，长期大量吸烟更可使脑抑制，出现神经过敏、记忆力减退、精神恍惚等症状，降低学习和工作效率。其次是不过多饮酒，因为大量饮酒对人的神经系统影响很大，特别是会引起记忆缺损、智力减退，产生虚构和幻觉现象，最终变成痴呆。

5.6.4　睡眠卫生和作息制度

睡眠是人类生活中必不可少的一个重要生理过程。充足的睡眠可以使人的精力和体力得到充分恢复，保证在觉醒的状态下，以充沛的精力进行学习、工作和其他活动。

睡眠与健康的关系极为密切，是调节身体各器官的生理功能、稳定神经系统平衡、增强机体免疫力的重要条件。

在人们的一生中，有将近1/3的时间是在睡眠中度过的。正常人的睡眠与觉醒交替进行，白天觉醒、夜间睡眠是一般人生活的基本规律，又称为人的24小时"睡眠—觉醒周期"。当我们产生睡意时，不单单是因为疲劳或睡眠不足，而是到达这个周期的睡眠阶段的必然反应。

然而，人类迄今还未能叩开睡眠奥秘的大门，至今没有任何一种学说可以令人信服地解释人究竟为什么要睡眠。当前所进行的有关睡眠的研究主要关注睡眠生理规律及脑电变化等方面，有助于大学生了解睡眠卫生常识及合理安排学习与作息。

5.6.4.1　睡眠的分期

目前在国际上通行的分期，是按照脑电图的变化、眼球的运动情况和肌张力的变化将睡眠分成快动眼睡眠（Rapid eye movement sleep，REMS）和非动眼睡眠（Nonrapid eye movement sleep，NREMS）。

非动眼睡眠期睡眠（又称慢波睡眠）的表现为：脑电图为慢波，无明显眼球活动，肌张力降低。此期是人从朦胧入睡开始，随后睡眠逐渐加深，一直到熟睡的整个过程。从入睡到深睡，相应地分为四个期，即入睡期、浅睡期、中度睡眠期、深睡期。第一、二个睡眠期能被唤醒，而第三、四个睡眠期不易被唤醒，故睡眠很好，入睡最深，持续睡眠时间最长。

快动眼睡眠期（又叫快波睡眠）在脑电图上主要以 α 波为主，伴有快速的双侧眼球共轭运动，肌张力显著抑制，说明此期仍处于深度睡眠状态。约有80%的人在此期做各种各样、丰富多彩的梦，如叫醒正在做梦的人，这将使他能更直接地回忆并准确地报告梦的内容。

在整个睡眠过程中，非动眼睡眠与快动眼睡眠交替出现，两种不同时期的睡眠各出现一次为一个睡眠周期。每个周期历时约30—90分钟，以正常青年人8小时夜间睡眠计，约有4—6个睡眠周期。入睡后必须先经过非动眼睡眠阶段，才能进入快动眼睡眠阶段，而不可能立即出现快动眼睡眠期。清晨觉醒后又与睡眠形成了大的觉醒—睡眠周期。

5.6.4.2　睡眠生理

与觉醒状态相比，人在睡眠时眼睑闭合、自觉意识消失、随意运动停止、肌张力减低、腱反射和其他神经反射减弱、体温降低、心率变慢、呼吸平稳而次数减少、血压轻度下降、新陈代谢率降低。但也不是所有的生理机能在睡眠时均处于静止或减弱的状态，有许多生理机能在睡眠中得到发展及发育。在快动眼睡眠期和非动眼睡眠的三、四期的深度睡眠时，植物神经活动增强、肠胃蠕动增加、胃酸分泌增多、机体合成代谢功能占优势、体内糖原含量增加。脑血流量增加，保证了脑组织蛋白质的合成和消耗物质的补充，有利于中枢神经系统的发育，能促进记忆活动。有些学者认为睡眠可以清除白天大脑储存的过多记忆的无用信息，使有用的近事记忆转为远事记忆。对婴幼儿来说，睡眠与神经系统的成熟有密切关系，脑垂体分泌生长激素增加，在婴幼儿和青少年的生长发育中，能促进全身组织细胞生长，特别是骨骼细胞增长。另外，植物神经系统功能不稳定，会导致人们在睡眠中出现呼吸不均匀、瞳孔时大时小、心率与血压不稳、出汗、阴茎/阴蒂勃起、阴道壁充血、遗尿、遗精等现象，特别是青年人。

正因为睡眠对人具有很重要的生理意义，故睡眠时间必须保证。人的各年龄段对睡眠时间的要求不一，个体差异也很大。但大学生睡眠时间公认应该保证8个小时，作息时间也按此标准制定。在特定的生理时期，如女生在月经期，睡眠时间可能会多些；在患病时期，如感冒时应增加睡眠时间，使机体免疫力恢复。那睡眠时间是不是越多越好？实际并非如此。长时间睡眠破坏了"生物节律"，使大脑长期处于抑制状态，人的生理活动和新陈代谢降低过久反而对健康不利，人可能都有这样的体会，越睡越感乏力，脑部昏沉。

睡眠的质量也很重要。充分的睡眠，除了令人感到头脑清醒、精力充沛外，还产生一种满足感，而这种满足感并不是睡够一定时间后就能达到的。有些人睡眠时间不长但质量好，一觉醒来精神倍增，感到舒适满足，疲劳感消失；另一些人睡眠时间虽不短，但多梦易醒，睡了一觉总觉得没有睡醒，困倦如故。所以，在判定一个人睡眠好坏时，应同时注重睡眠时间及质量。影响睡眠时间及质量的因素很多，包括生理、心理、社会及环境等，如疾病、不健康的生活方式、不适合的室内条件以及环境的变化等。

5.6.4.3　做梦与睡眠

每一个人都会做梦，有的人几乎夜夜做梦，也常常能够清楚地表述梦中内容及奇遇。现代科学研究认为，梦是由潜藏的愿望引发的，梦是客观世界在人脑中的反映。俗话说：日有所思，夜有所梦。平时的所见所闻，经常思索的问题、想象以及对外界的感受等，都会在大脑留下记忆的痕迹。在睡眠时，特别在快动眼睡眠期，大脑皮层经常有一些神经元处于兴奋状态，记忆痕迹就会重现，引起做梦。但睡眠时的记忆痕迹常常是零星的、自发的，梦境和现实往往不一致，多数是不合思维逻辑，甚至荒诞可笑的。

做梦是人的一种生理现象，具有双重性。做梦的内容可以是生理和健康状况的反映，如膀胱充盈时，梦中会到处寻找厕所，患冠心病、呼吸系统疾病的病人易做恐怖的噩梦，感到呼吸困难及胸部压迫感。还有人也可以从梦中得到发明创造的启迪和作诗谱曲的灵感。做梦也可以促进大脑中各种信息的处理，转存记忆。健康的人不常做梦，而多梦的人往往睡眠质量差，健康也差，常感精神疲惫、情绪低落、过虑或抑郁，工作、学习效率低。

以往对做梦的研究认为做梦与快动眼睡眠有关。近来有些科学研究认为该期与做梦无关，做梦源于大脑中释放多巴胺神经元的某个部分，存在"做梦中心"。睡眠生理研究认为，做梦是睡眠过程中必要的生理过程，对维持和恢复大脑的功能非常重要。做梦有助于维持人心理平衡，不做梦则可能导致个性紊乱，甚至影响思维能力的发展。然而，睡眠机理尚未明确，做梦机理研究也多为意测，需要进一步研究及探讨，但梦是正常的生理现象应得到肯定。

5.6.4.4　提高睡眠质量的方法

1. 良好的睡眠姿势

古人说："立如松，坐如钟，卧如弓。"最好的睡眠姿势是向右卧，将身体自然弯曲，使身体右肋在下，左肋在上，全身自然放松，这样心脏位置较高，有利于心脏排血和减轻负担；肝脏位于右上腹部，右侧卧位能使血液较多地流向肝脏，有利于食物在肠胃里运行消化。左侧卧位会使心脏受到压迫，也易导致噩梦。俯卧会压迫前胸，应尽量避免俯卧，以免心肺受压。

2. 固定的作息节奏

按时作息、定时上床、按时起床，对于恢复体力、清醒头脑具有重要意义。一旦形成了睡眠的节律性，就不要轻易地打乱，尽量使作息时间与该节律同步协调。如果搅乱了生物钟的正常运行，则会造成疲劳和失眠，人就会感到昏沉乏困，头脑不清楚，影响学习和工作。

3. 忌蒙头睡觉

蒙头睡会使二氧化碳浓度随着呼吸作用而不断提高，氧气浓度不断降低，长时间吸入缺氧的污浊空气，不但会引起多梦、惊醒，而且醒后会感到头痛、疲乏胸闷、精神萎靡。此外，要注意卧室通风，在空气新鲜的卧室里入睡较快，睡眠质量好。

4. 养成良好的睡眠习惯

睡眠之前不要饱食，因为多食会加重消化系统的负担，引起做噩梦。睡前不要喝浓茶、咖啡等刺激性饮料，以免使中枢神经系统兴奋而引起失眠。有人喜欢躺在床上看书、看报，这样会使大脑浮想联翩、情绪昂扬，干扰正常睡眠，这种习惯应当纠正。睡前应避免剧烈运动、体力劳动及精神高度集中的脑力劳动，最好能养成睡前散步的习惯，使神经和肌肉得到松弛。不少人在睡前刷牙、梳头、洗脚，这都有助于健康并能使人尽快入睡，值得提倡。

5. 睡好午觉

午睡对夜间缺觉的人是一种补偿。有的人只需午睡片刻，就可以弥补夜间损失的1—2个小时，一般午睡的时间以半个小时至一个小时为宜。午饭后不要立即躺倒就睡，因为这时候胃内胀满，最好休息10分钟再睡。夏天午睡时，不宜直接对电扇吹风，否则容易感冒。有的人限于条件伏案而睡，这样使胸部受压，影响呼吸，而且手也会发麻。坐着打盹，大脑处于抑制状态使心跳减慢，头部血液供量减少，醒来时会头晕目眩。

6. 选择合适的床铺

枕头对人类来说不可缺少，而枕头合适与否直接影响头颈位置，对血液循环有一定的影响。枕头过低，头部血管充血，醒后常感到头昏脑涨，面部浮肿；枕头过高，易造成"落枕"。一般来说，枕头的高度以与肩部持平为宜。

床铺的选择也应软硬适度。有的人认为睡钢丝弹簧床、沙发床舒适，但长期睡过软的床，会使脊椎周围的韧带和锥间各关节的负荷过重，脊柱的重量曲度将加强，长期下去会引起腰背酸痛。此外，睡软床不能使陷入床垫的肌肉得到放松，胸腹腔里的脏器易受压迫，得不到充分休息。一般来说，半软的木板床较为适宜。此外，如棕绷床、竹榻、藤床也在可选之列。

5.6.5　用眼卫生

合理用脑、优化记忆能力及充足的睡眠是保证学习正常进行的基本条件，而正常的视觉、听觉是保证学习信息采集并传输入脑的基本条件，其中视觉正常尤显重要。眼睛是视觉的生理基础，用眼开心是保证学习的重要条件。俗话说"眼睛是心灵的窗口"，人的喜、怒、哀、乐都可以从眼睛中表达出来，都说明人类眼睛的意义，故关于眼睛的基础知识及眼睛保健卫生常识的学习也是重要的，并为今后工作中保护眼睛、防治眼病打下基础。

5.6.5.1 眼球的结构和功能

眼球位于眶腔内，近似球形，前后径约24毫米，眼球壁由两层膜所组成：①纤维膜：其前部1/6为无色透明的角膜，后部5/6为乳白色的巩膜。②血管膜：从前到后可分为虹膜（中央部是瞳孔）、睫状体（内含睫状体肌）、脉络膜。③视网膜：位于眼球壁的最内层，此膜自视乳头到锯齿缘部分有感光作用，叫作视网膜视部。从锯齿缘起，视网膜仍继续向前，失去感光能力，变为仅有两层上皮细胞的薄膜，覆盖于睫状体和虹膜的后面。

眼球的屈光装置包括角膜、房水、晶状体和玻璃体。晶状体借悬韧带与睫状体相连。睫状体牵动悬韧带使晶状体的角度随视物远近而随时得到调节。另外，眼球还有眼睑、结膜、泪器和眼肌等辅助结构，对眼球起保护、运动和支持作用。

视觉的产生过程是从物体反射的光线或发光体直射光线透过角膜，经瞳孔、晶状体和玻璃体落在视网膜上成像，视网膜感光后通过视神经传入脑内，由于自动培养的感光意识使人看见了东西。睫状肌的舒缩改变晶状体的曲度，远近不同的物体反射的光线通过晶状体折射聚焦，使不同远近的物体都能在视网膜上清晰成像。视网膜由多层视神经细胞组成，其中有感光作用的细胞有两类：一类是柱状细胞，对弱光感受力强；另一类是锥状细胞，对强光感受力强，能识别微小精细的东西。

5.6.5.2 视力测定

视力测定是最基本的视功能检查项目，是测量眼睛分辨二维物体形状和位置的能力，也表征视网膜中心凹处的视觉敏锐度，视力测定需使用视力表。

国际视力表与我国1.5级视力表基本相同，采用"E"字形视标，检查距离为5米。国际视力表中，视力等级为0.1—1.0，每间隔0.1为一级，1.0以上只有1.5和2.0两级。我国1.5级视力表中去掉2.0，增加1.2一行。1990年起，建议停止使用1.5级的视力表，改用对数视力表。

对数视力表用1视角为标准视力，作5.0分记录，检查距离也为5米。取对数0.1作为每一行视力的差数，视力记录成等差级数。两表的对比见表5-1。

表5-1　国际标准视力表与对数视力表对应关系

国际标准视力表	对数视力表	国际标准视力表	对数视力表
0.1	4.0	0.5	4.7
0.12	4.1	0.6	4.8
0.15	4.2	0.8	4.9
0.2	4.3	1.0	5.0
0.25	4.4	1.2	5.1
0.3	4.5	1.5	5.2
0.4	4.6	2.0	5.3

5.0（1.0）为正常视力标准，超过5.0（1.0）称饱和视力；视力低于5.0（1.0）者，用镜片进行矫正后所得的正常视力，称作矫正视力。

5.6.5.3　屈光不正与眼保健

眼具有屈光和调节作用。眼的角膜、房水、晶状体、玻璃体构成了眼的屈光系统。外界物体反射的光线入眼，通过眼的屈光系统发生折射后在视网膜上成像，这就是眼的屈光。眼的屈光变化主要取决于睫状肌的收缩与松弛，当睫状肌收缩时，放松了晶状体的悬韧带，晶状体凸度增加，对整个眼的系统来说，就增加了屈光力，这种现象称为"调节"。

学生在校时间长、课程重，需记忆的内容多，有的同学经常长时间看书，不注意合理使用、保护眼睛，不注重眼的保健，使眼睛过度疲劳。有的同学回到宿舍仍躺在床上看书，宿舍光线不充足，容易引起近视。

眼的屈光力通常以焦距的倒数来表示，称为屈光度。正常的屈光系统，可以使远处目标射来的平行光线，经过屈光系统恰好聚焦在视网膜上，医学上称为正视眼。若眼的屈光系统形态异常，焦点不能落在视网膜上，称非正视眼，即屈光不正。屈光不正可分三类，即近视、远视和散光。

1. 近 视 眼

在无任何调节作用下，因眼球前后径过长，焦点落在视网膜前面，在视网膜上形成一个模糊的光环。只有将物体移近，才能在视网膜上成像，看清物体。近视眼在−6.00D（又称近视600度）以上，常伴发其他疾病。

近视眼分真性近视和假性近视，真性近视指用阿托品滴眼后，近视屈光度未降低或降低度数<0.5D，假性近视指使用阿托品滴眼后，近视屈光度消失，呈正视或远视。

根据屈光度的大小，临床上可分为：①轻度近视：－3.0D（300度）以下；②中度近视：－3.0至－6.0D（300—600度）；③高度近视：－6.0D（600度）以上。

患近视眼后可出现眼部和全身症状，最主要的症状是远视力不好，常需眯起眼才能看清目标，眼易疲劳。长时间看书会感到眼睛胀痛，甚至恶心欲吐。

其治疗（主要是对真性近视而言）方式主要有：①药物治疗：使用阿托品眼药水、"夏天无"滴眼液等解除血管痉挛和活血化瘀药；②理疗：雾视法、眼保健操、眼理疗机理疗等；③手术治疗：通过改变角膜的屈光率达到矫正视力的目的。

预防近视需要养成良好的用眼习惯，如看书一定要姿势正确，眼离书的距离不少于35—40厘米；看书1小时左右，休息10分钟，看看远方，做做眼保健操；不在昏暗或光线晃动处看书报；不要躺在床上或行走时看书；不要长时间凝视一处。其次，学校要保证学生看书学习的地方的采光符合卫生要求，结合健康教育，教会学生眼保健操等。看电视的时间不宜过长，距离不宜过近，眼与电视屏幕的距离约为屏幕对角线长度的5—7倍，要求电视室光度柔和。平时注意视力变化，定期检查视力，发现视力异常，应立即求医治疗。

2. 远 视

眼的前后径过短，以致焦点落于视网膜的后方，视网膜的物象不清，故称远视。由于远视眼无论近视远视都要调节，所以眼易疲劳。引起远视的原因，最常见的是眼球发育小或角膜扁平等眼球结构异常。大学生的轻度远视，因眼调节能力强，不需配镜。

3. 散 光

正常眼每一个经纬线的曲率半径都是一致的，因而屈光焦点可集合成一点。如果眼球形态异常，角膜表面曲率半径不一致，光线经过眼球的不同径线后，就不能聚焦于一点，而是聚焦成一个柱形体，在视网膜上形成多个焦点，称散光。造成散光的原因，最常见的是由于角膜和晶体各径线的曲率半径大小不一致。散光分为规则散光和不规则散光，散光大多数为先天性，后天所患较少。

5.7 校园文化生活与健康

文化生活主要是指大学生在校学习期间所进行的各种文学、艺术、体育、教育、科学等活动。艺术修养主要是指大学生在文学、绘画、音乐、体育、戏剧、电影等方面所具备的理论知识、欣赏水平和实践技能。

随着社会的发展，生活水平的提高，人们对生活的要求已不仅仅是解决温饱问题，而是希望有丰富多彩的文化生活，这是社会发展的必然，也是社会文明水平的重要标志。

5.7.1 校园文化生活的特点和内容

5.7.1.1 校园文化生活的特点

（1）内容丰富多彩，形式多种多样。大学学习期间，为了丰富校园文化生活，学校各有关部门、院系或班级都会有目的、有计划地为学生安排形式多样，内容丰富的各种文化娱乐活动，如文艺演出、体育竞赛、书法比赛、演讲比赛等。同学们可以根据自己的兴趣、爱好和经济情况有选择性地进行活动，以丰富自己的文化生活，提高自己的艺术修养。

（2）文化娱乐活动具有鲜明的层次性。如学习计算机、演讲、刺绣、烹调等知识技能就带有一定的实用性；看小说、讲故事、看电影、听音乐、参加舞会等则是以娱乐为主；书法、绘画、乐器、网球运动等就是带有发展性的文化娱乐，因为这种性质的文化活动不仅能使人们得到快乐，还能使自己得到全面发展，跨入更高层次的精神文化生活领域。

（3）对艺术修养提出更高要求。一般来说，如果不具备一般的艺术修养，在许多精神文化娱乐面前就难免"听不懂"、"看不明"，无法得到真正的精神享受。不懂音乐的人难以欣赏贝多芬、肖邦或柴可夫斯基的乐曲；没有一定的文学修养就难以真正读懂《红楼梦》；缺乏美术知识就难以从名家绘画作品中得到美的享受。因此，具备一定的艺术修养是丰富文化生活必不可少的重要方面，应加以重视和培养。

（4）健康的文化生活对大学生的精神世界产生长期影响。实践证明，在校园文化生活中有许多文化娱乐活动会在学生头脑中留下深刻的烙印，甚至影响人的一生。如中国女排首次获得世界冠军的那个夜晚，守在电视前的学生无一不为这一时刻感到兴奋、鼓舞和自豪。他们自发地走上了大街，敲锣打鼓放鞭炮，为女排的胜利庆贺，极大地激发了学生的爱国主义热情和奋发向上的精神。这一幕幕动人的场面，现在回想起来一定还是历历在目、记忆犹新、回味无穷。因此，认识到校园文化的这些特点，对大学生选择和安排自己的文化生活具有重要的指导意义。

5.7.1.2　校园文化生活的内容

校园文化生活的内容丰富多彩，主要包括以下几个方面。

1. 精神享受型的文化娱乐活动

如看电影、看电视、看比赛、看演出、听音乐等，以看和听为主的文化娱乐方式可以达到精神享受的目的。

2. 参与型的文化娱乐活动

如阅读文学作品，学习书法、绘画、乐器，参加学校院系或班级组织的各种文艺演出、体育竞赛和旅游活动等，这是以亲身体验为主的文化娱乐活动。

5.7.2　校园文化生活的意义与作用

校园文化生活，绝不是一种纯粹的消遣和娱乐，其重要意义与作用主要体现在以下几个方面。

1. 使学生生活丰富多彩的重要途径

学生在校园这个生活基地里，不可能只是吃饭、睡觉，也不可能整天学习，他们需要休息，需要劳逸结合。那么学习累了应该怎样调节？闲暇时间怎样打发？看电影、听音乐固然可以得到休息，但并非所有的电影、音乐都恰对胃口，引起兴趣，这就有必要安排多种多样的文化娱乐活动，以便调节精神，得到积极的休息。如果安排得好，更可使自己的生活丰富多彩，充满活力，振奋精神。

2. 同学之间进行感情交流的重要手段

通过各种文化娱乐活动，使同学们在活动中自然而然地进行接触，进行情感与情趣的交流，增进对彼此的了解，从而达到增进友谊、互相学习、互相配合的目的。

3. 培养和提高艺术修养的有效方式

校园文化生活也需要同学们在文学、绘画、体育、电影、戏曲和乐器等方面具有一定的理论知识、欣赏水平和实践技能。通过多种多样的活动，同学们能够丰富经验，结合相关理论学习，其艺术修养就会提高，从"食而不知其味"转变为有品味。因此，丰富多彩的文化生活，不仅能够陶冶情操、愉悦身心，还能全面培养和提高学生的艺术修养。

4. 学校教育的重要辅助手段

从根本上说，任何健康的文化生活，都不会是纯粹的消遣，总会包含一定的知识、技能、志趣及情感，具有寓教于乐的积极作用，使同学们从健康的文化娱乐活动中，获得有益的知识和经验，树立高尚的情操和志趣。

校园文化生活的内容和方式多种多样。学生的个体情况，如经济状况、兴趣爱好、艺术修养等千差万别，因此选择的内容和方式也不尽相同，下述几个方面在选择文化娱乐活动的内容时应当注意。

（1）健康有益。既能够开阔视界、增长知识、陶冶情操、消除疲劳，又能获得乐趣、振奋精神，也能够促进情感交流、增进团结和友谊，有助于培养某种志趣、技艺与才识。

（2）丰富多彩。在健康有益的前提下，应当注意到丰富多彩。单靠某一种或几种文化娱乐内容难以达到教育目的。而且文化娱乐的内容过于单调，易久而生厌。所以在内容的选择上还应注意多样化，获取多方面的精神养料。

（3）量力而行。第一，在选择文化娱乐的内容时，应从个人的经济条件出发，量力而行，不应互相攀比，一味追求高消费娱乐活动；第二，在选择文化娱乐的内容时，应考虑到个人文化娱乐的艺术修养，如果还缺乏高层次的文化娱乐修养，即使具备经济能力，也不必急于追求对艺术修养要求很高的活动内容；第三，还应根据自己的时间和精力，合理地进行选择和活动。通宵达旦的舞会、电影、录像游戏等，当时或许会很痛快，却影响第二天的正常学习和工作，这种过于耗费精力和时间的娱乐活动，应有所节制，不应提倡。

（4）不断提高。文化娱乐活动首先应在量力的基础上不断提高，这样才能满足生活不断发展的需要。所谓提高，是指情趣的高尚和内容的丰富，具有较深层的美学意义。它应随着个人经济条件的改善，有计划地提高文化娱乐活动的层次，以求逐步丰富个人的精神生活，不断提高艺术修养。第二，要有计划地提高文化活动的技能。第三，要善于开拓和尝试新的文化领域，可以开动脑筋，进行一些健康有益而又比较新鲜的活动。

5.7.3　提高艺术修养的基本途径

精神文化生活的丰富程度与个人的艺术修养息息相关。但艺术修养的提高，并非一朝一夕就能实现。那么，怎样才能有效地提高大学生的艺术修养呢？以下三个方面必不可少。

1. 提高文化素养

有计划有目的地参加一些有关文化娱乐知识的培训班或辅导讲座，全面提高自身的文化素养。有选择性地订阅文化娱乐知识方面的报刊，经常阅读，点滴积累，必见成效。

2. 提高文化娱乐技能

可以参加一些业余训练班或讲习班，如书法班、美术班、音乐班、体育班等，这样既能增长知识又可学习技能。有条件的情况下，经常参加一些专业或集体的文化活动，通过亲自体验实践，不断提高自己的技能水平。

3. 培养高尚的情操和志趣

情操主要指人的一种复杂的、有组织的情感倾向。如求知欲、爱国心、道德感、审美感等。志趣，主要指人的志向和趣味爱好。显然，一个人的情操与志趣的好坏，虽然不仅仅是文化娱乐的知识和技能问题，却对一个人的文化生活起着重要的指向作用。

首先，具有高尚的情操和志趣，可以决策文化娱乐内容，会使其追求健康有益，激发人的审美情趣和奋发向上的文化生活；其次，有助于大学生的艺术修养向着健康、有益、文明的方向发展。

5.8　校园环境与健康

环境是指人类周围的客观事物整体，它包括广袤宇宙下的自然环境、繁忙紧张的工作环境和创造财富的劳动环境等。

最近联合国在《世界资源：1998—1999》的报告中明确指出，环境因素是导致人类疾病和死亡的主要原因之一。目前世界上已有25%的疾病和死亡是由环境因素造成的，特别是在贫穷国家和地区，与环境有关的疟疾、急性呼吸道感染和腹泻等疾病，每年夺去1 100万儿童的生命。报告中强调："将环境问题视为公共卫生战略中最重要的组成部分，是保证21世纪人类健康的关键。"因此，为了避免环境恶化对健康引起的危害，世界各国无不高度重视并纷纷采取措施，最大限度地保护和改善自然环境和生态环境。

校园环境是大学生学习生活的重要环境，在这个范围内的采光、照明、噪音、空气、水、绿化等状况将直接影响学生的身心健康。

5.8.1　空气与健康

空气是多种气体的混合物。在新鲜空气中，氮的含量约占总容积的78.09%，氧的含量约占20.95%，二氧化碳的含量约占0.04%。人们生存在自然界之中，时刻都在进行着气体交换，不断从外界吸收氧气，并从体内呼出二氧化碳。如果校内空气新鲜、清洁，负离子含量充足，就有益于学生身体健康。因为带负离子的空气进入人体后，会刺激神经系统，产生良好作用：改善心血管系统和呼吸系统的功能，促进新陈代谢，增强免疫力，使人感到精神爽快。反之，如果大气中氧含量低于15%，人就会感到呼吸困难，低于8%时，就会危及人的性命。二氧化碳含量达到2%，人就会头疼、脉搏变弱、血压升高，当含量高达10%时，人就会意识消失，甚至呼吸麻痹而死亡。所以，提高环保意识、美化校园环境、净化校园空气是使学生保持身体健康的前提条件之一。

5.8.2　水与健康

水是生命的源泉，是维持人体生命活动的重要营养素之一。人体的各种生理活动都离不开水。缺乏水分，流体和血液就会减少、浓缩以及粘滞而影响运输氧气和养料的功能，使养料不能消化与吸收，废料不能排出体外，人体的各种代谢反应和生理活动都无法进行。在正常情况下，人体每日需要的水量与所消耗的热量成正比，即每散热4.184千焦约需要1毫克水，一个健康成年人每天约需2 000—2 500毫升水。

水与人的健康和生活息息相关。但随着大工业的发展和人口的剧增，工业废水、废料和生活污水大量排入江河湖海，造成水源的严重污染，严重影响着居民的饮水，损害着人类的健康与寿命。因此，当务之急就是想方设法根治水污染，还江河清纯水质，使水重新成为生命之源。

5.8.3　校园噪音与健康

悦耳动听的音乐令人心旷神怡，是一种高雅的精神享受。它可以把人带到"梦幻的世界"，使人轻松愉快。相反，各种噪音则是一大公害，噪音即频率高低不一，振动节律不齐，非常难听的声音。噪音的单位是分贝，当噪音在30分贝以下时，校园环境显得非常安静。日常生活中的声音一般在40分贝左右，达到50—60分贝时，就觉得吵闹。在70分贝的刺激时，人们的睡眠程度明显降低。经常受到80分贝噪音干扰时，就会觉得头痛、头晕、失眠、记忆力减退，久而久之就会严重影响人体的生理功能，并有损健康。就校园噪音而言，主要是指在教室里的大声喧哗、吵闹、嬉笑及广播、体育活动、录音机、收音机的声音等，这些噪音虽与频率和强度关系不大，但与学习的环境不协调，应引起同学们的重视。

5.8.4　教育、阅览室和宿舍卫生

教室、阅览室和宿舍是学生学习、生活的主要场所，必须符合有关卫生要求。地点应设在比较安静的环境中，且通风好、采光照明充足，并定期监测大气及室内空气的污染状况。这些地方应及时清理各种废弃物，做到走廊、楼梯无垃圾、无蛛网，门窗、地面和墙壁干净无灰。洗脸间地面清洁，大便池、尿池清洁无臭味。桌凳、床铺衣物整齐，生活学习用品存放有序。

总之，校园环境的好坏直接影响着大学生的身心健康。因此，我们可以通过绿化校园、净化空气、美化居室，创造一个芬芳宜人、优雅舒适的生活、学习和锻炼环境。

5.8.5　衣着与健康

一年四季，春暖、夏热、秋凉、冬寒。人们为了适应外界气温的变化，除自身

的生理调节功能之外，还需要随时增减衣服，以抵御外界恶劣气候环境对人体的不利影响，这对人体保健是非常重要的。

1. 衣着的基本要求

青年人讲究穿着漂亮，这是正常的。爱美之心，人皆有之，何况是正处在青春年华的青年呢？但是，要穿得漂亮，就要懂得一点穿着方面的学问。一般来说，穿着应符合以下基本要求。

（1）健康。在穿着上，首先要考虑的是健康问题，即有利于身体的健康。因此，服装的穿着，要能起到保温避寒、遮体防暑的作用。在冷天，服装要使人感到温暖；在热天，服装要使人感到凉爽。同时为了健康，还应考虑服装的透气、透水、过敏、污染、带电问题。一般来说，冬季服装保暖性要强，夏季服装则相反，要求散热性好、透气性强、吸湿效果好。无论什么季节的内衣裤，都要舒适柔软、吸汗性强。同时，还应注意服装的规格、款式要适合正常活动，不宜束缚太紧，以免影响呼吸和血液循环。

（2）整洁。服装的整洁，不仅是身体健康的需要，更是社会交往的需要。在社交场合能给人以精神、端庄之感。

（3）方便。青年人的穿着，还要求实用方便，易穿易脱。因为现代生活正趋向快节奏，青年人的工作、学习、娱乐时间很紧，故在穿衣时力求节省时间。

2. 穿着美观的学问

漂亮的穿着，应给人一种自然、和谐、完美、有风度之感，别人看了非常舒服。不同的青年应根据自己的性格、气质、职业和体型等，按照构成服装美的三要素（色彩、线条、面料）来选购适合自己的服装。服装色彩是否美观，往往给人的印象最深。因而，选配好服装的色彩相当重要。不同的色彩，给人以不同的感受，如红色给人以热情、兴奋和跳动之感，蓝色给人以青春、柔和、沉静之感，白色给人以纯洁、神圣和充满活力之感等。因而不同的青年，在不同的季节可选择不同色彩的服装。

一般来说，夏季的服装色彩应穿得浅一些，冬季的服装色彩深一些。高个子青年要注意减少色彩的渲染，如高个女青年不宜穿颜色鲜艳、大花及亮度大的服装，以避免造成更高的视觉效果，最好选择深色、单色或柔和的服装。高个男青年宜穿冷色调的服装，以增加男子汉冷静、稳重的气质。矮个青年不宜穿大花图案或宽格条纹的服装，上身最好穿白色或亮度大的浅色服装，配裤裆高、裤腿长的长裤，并使裤脚盖过鞋面，上衣要稍微短些，使下肢比上肢突出，并以简单直线的服装为宜，这样就显得修长。胖型青年应选用冷色调，避免用大花纹、横条纹、大方格的衣料，尽可能选择小花纹、直条纹的衣料，以便产生收缩感。瘦型青年要注意加强色彩在服装上的渲染，不宜穿深色带竖条图案的上衣和深色的裙子，最好选择色彩鲜明、浅色大花图案，以得到宽阔、健壮的视觉效果。总之，一个人的穿着是否得当，不仅对一个人的外貌、仪表、风度等影响很大，而且反映了一个人的文化素养、气质和鉴赏水平。

5.9 生活方式与健康

生活方式是指人们的衣、食、住、行以及工作、生活、娱乐、社交等活动方式。世界卫生组织认为，人们的健康状况主要取决于自己的生活方式。良好的生活方式使人精力充沛、延年益寿，不良的生活方式会导致各种疾病，严重损害人体健康。资料表明，在全球人类死因中，不良生活疾病占60%，其中发达国家高达70%—80%，发展中国家也达到了50%—60%。据我国19个城市试点调查，不良生活方式已占四大死因的首位，占37.3%。随着社会的发展与进步，人们如果想在文明的社会中保障身心健康，就必须改变和克服不良的生活方式。

5.9.1 不良生活方式的危害

就大学生而言，直接影响身心健康的不良生活方式主要表现在以下几个方面：

1. 生活无规律，饮食起居不定时

我国中医早就指出："食欲有节，起居有常。"即一日三餐、定时定量、细嚼慢咽，按时起床、睡觉，养成良好习惯有益健康。反之随心所欲、狼吞虎咽，既无定时、又无定量，则使消化系统的工作"无章可循"。失去规律、通宵达旦的不定时起居更会加剧情绪的紧张，破坏人体的正常生理和心理平衡而酿成病患，影响身心健康。

2. 酗酒吸烟

众所周知，吸烟有害健康。在纸烟的烟雾中就含有3 800多种物质，其中有害成分有尼古丁、烟焦油、一氧化碳等，可引起多种疾病。如尼古丁可使气管黏膜受损，纤毛失去活力，发生感染，引起慢性支气管炎、肺气肿等；一氧化碳损害红血球的携氧功能，组织缺氧可产生一系列病理改变；孕妇被动吸烟会影响胎儿发育，引起婴儿智力发育不全。因此，为了个人和他人的健康应控制吸烟。

酒对人体的健康危害也很大，特别是酗酒可造成急性和慢性酒精中毒。急性中毒可抑制呼吸中枢，导致死亡。长期饮酒还可使人的免疫功能降低，肝、咽、食道和口腔的发病率增高，还可加速高血压、心脏病的恶化，因此，学生应尽量少饮酒或不饮酒。

5.9.2 改变不良生活方式和不健康行为的基本途径

1. 加强教育、正确引导

建立一种"物质生活高水平、精神生活高格调、生活规律高节奏、文化知识高结构"的新型生活方式，使我们的生活更加文明、健康、科学。

2. 合理安排

在繁忙的工作学习之暇，合理安排生活节奏和饮食，保证充足的睡眠和营养，有劳有逸、起居有常、劳作有度，防止积劳成疾。

3. 正确认识

吸烟、酗酒对个人和他人健康造成危害。早日与之告别，增强自我保健能力，树立健康的物质、精神、时间消费观念，养成健康的生活习惯。

4. 保持良好的心理状态

心理健康也是保持人体健康的重要因素。遇事应想得开、看得穿、忍得住、放得开，乐观开朗，以保持心理平衡。

5. 丰富文化生活、提高艺术修养

通过参加各种体育、文艺、书法、绘画、演讲等有益的文化活动，不断丰富自己的文化生活，提高自己的艺术修养，改变不良的行为方式，建立健康、有益、文明的生活方式。

第六章　大学生自我保健方法

教育上的秘诀，是使身心两种锻炼可以互相调剂。

——卢梭

　　近年来中老年的自我保健日益受到重视，但是青年人的自我保健意识尚未唤起。大学时期是人生成长的关键时刻，在日常生活中与健康有关的问题，大都是由个体自己掌握和调节的。一旦患病丧失了健康，再开始自我保健已为时晚矣。因此，学会自我保健，将会毕生受益。

　　自我保健是由个人、家庭、邻里、亲友和同事自发的卫生活动，并做出与卫生有关的决定。包括维护健康、预防疾病、自我诊断、自我治疗以及在医疗机构诊治后的继续自我保健。从大学生的实际出发，将自我保健界定为运用自身的意志和力量，建立良好的卫生习惯、饮食起居习惯、文化娱乐习惯，调整个人的生活方式。创造和维持良好的生活环境及社会环境，完善个性，增强社会适应性和应变能力是保持心理稳定、体魄健全的基础。

6.1　自我保健的意义

　　健康教育是最廉价的保健对策，符合预防为主的战略方针，是卫生保健的第二要素。健康教育普及了卫生科学知识，强化了人们的健康意识，大学生要主动接受健康教育，并不断付诸实施。注意维持心理、生理健康，劳逸适度、生活规律、心胸豁达、情绪乐观、与人为善、自尊自爱、家庭和谐，提高社会适应能力和对挫折的耐受力。建立良好的生活习惯：不吸烟、不酗酒；节制饮食，减少热量、脂肪、盐和糖的摄入量；适当地锻炼身体，定期健康检查；爱好清洁，注意安全等。

6.1.1 自我保健可以促进心身健康

随着现代科技的飞速发展，人们生活水平的提高，生活节奏的加快，以生物病原为主的传染病日趋减少。而紧张、精神压力负荷过重，各种应激因素增加，体力活动减少，意外伤害、癌症、心脑血管疾病、心理疾病已成为威胁人类健康的现代文明杀手。自我保健可以通过日常生活的调节，改变不良习惯，放松自己的心情，锻炼社会适应能力，使个性更臻完善。用自身的力量、良好的情绪、健全的精神来维护心身健康。

6.1.2 自我保健是一种最简便、最广泛的预防措施

同学们通过健康教育懂得了自我保健，就能充分发挥个体的主观能动性，用自己的健康水平作为奖励来强化自己的健康行为，可以使保健更为有效。这种廉价的保健措施，非常适合中国国情。据统计，我国具有保健知识的人不足10%，普及健康教育，实现"人人享有保健"后，可使就诊病人至少减少1/3。美国麻省理工大学的大学生，接受健康教育后，两年内节约了46 120美元治疗感冒的费用。另据报道，上呼吸道感染病人采用自我保健措施后，求医人数减少了44%。

6.2 集体自我保健

6.2.1 学　校

通过学生会、团委、医疗部门开展健康教育，树立卫生观念，以多种形式传播

保健知识，开展心身健康咨询；成立大学生心身健康协会，建立社会支持网络。

6.2.2　学院、系、班级、宿舍

通过公约形式约束不良卫生习惯。如鼓励创建无烟教室、无烟宿舍、无酗酒班组等，建立起互相制约、监督的集体，共同树立良好的、健康的生活习惯。亦可自行组织自助小组，按需参加、相互监督，如坚持每天打太极拳、跑步、做保健操等，矫正不良形为。

6.3　个体自我保健

6.3.1　生理自我保健

1. 饮食保健

大学生正处于长知识、长身体的关键阶段，一定要保证足够的营养。因此，充足的热能、丰富的蛋白质、均衡营养和科学膳食非常重要。由于蛋白质、维生素不能在体内大量储存，所以一日三餐的营养分布一定要合理，要从大学生的学习、生活特点来安排饮食。

2. 体育锻炼

每个人在体力活动中表现出来的力量、速度、耐力、灵敏性、柔韧性统称身体素质，是学习和工作的基础。体育锻炼需要持之以恒。自我保健式锻炼不同于竞技锻炼，要循序渐进，运动量不宜大，精神要放松，逐渐增加强度。有了健康的体魄，既可以提高智力活动的效率，又可以增强抵抗力。

3. 合理睡眠

自我保健要针对具体情况，把学习和休息安排得当。休息可以坐着、躺下、散步，有节制地进行文艺活动。不能连续工作几天不休息，也不能整天"闷头睡大觉"。合理的睡眠应以更好地进行一天的学习和工作为标准，一般能睡8小时左右

即可。个人的睡眠时间是不同的，不要强求一致，但要把学习和休息安排好，紧张与松弛交替，劳逸结合不能偏废。

6.3.2 心理自我保健

心理自我保健的目标在于保持心态稳定，维持心理健康。要自知、自爱、自信、自尊和自强。现代青年必须克服失落感、消极颓丧、自暴自弃的精神尘垢，主动参与大环境变迁，建立自信，适应社会潮流，乐于从生活的变动中寻找机会。该紧张时紧张，该放松时放松，在有所为和有所不为之中，每个人都要使自己情绪放松些，再放松些。具体包含：自我意识良好，能正视现实，认识自己；社会功能良好，有良好的适应能力，善于在实践中总结经验。良好的人际关系可以增强个体对挫折的耐受性，是个人所处群体中的自我保健力量。人永远害怕孤独，而珍视与周围人群的和谐关系，是消除孤寂最有效的方法。友谊能使痛苦减半、欢乐倍增。同志间的关心、爱护及亲密无间的友谊是医治疾病的良药。"有所作为"是人生的最高境界，有所为才能有内心的充实感、幸福感和最佳的精神状态。有的同学说："我什么病都没有，就是觉得活的没意思。"这是一种对生活、工作、学习缺少充实感，感到厌倦的"无兴趣病"。人只有不断进取、刻苦奋斗才会有乐趣。

现实社会永远不会是十全十美的。我们要正视现实，把现实融于生活中。抱负要切合实际，要正视现实与个人愿望之间的差距。对自己评价过高或过低，都会给自己造成压力，但如果对自己认识不深刻，难以面对现实，其最终结果是导致自我否定，将对健康产生严重威胁。

6.3.3 行为自我保健

行为自我保健就是矫正不良行为和建立良好生活习惯。

1. 戒 烟

吸烟是一种"慢性自杀"行为，世界卫生组织称之为"20世纪的瘟疫"。已知与吸烟有关的疾病有肺癌、膀胱癌、支气管炎、肺气肿、冠心病等。我国香烟消耗量占世界第一，10岁以上男性吸烟率占56%，女性为8%。据估计全国约有2亿以上的人吸烟。吸烟不仅危害本人健康，还可以通过"被动吸烟"危及他人。美国通过

20年的戒烟宣传，其肺癌死亡率已呈下降趋势，冠心病发病率也趋下降。

2. 不良饮食习惯的纠正

偏食、暴饮暴食均易引起肠胃功能紊乱，导致营养失去平衡。饮食不讲卫生是更为严重的不良饮食习惯。大学生因病休学中，肝炎居于首位。

3. 酗　酒

大学生中每逢节假日、生日聚会、毕业，喝烈性酒者不少，酒后斗殴伤害、酒精中毒时有发生，对健康极为不利。

4. 休息无常

有些同学玩电脑游戏、看影碟、下棋、搓麻将，往往通宵不睡觉，影响学习和身心健康。

5. 不参加文体活动

因种种原因，有些同学课间不休息，早晨不上早操，平时很少参加文体活动，导致学习效果不佳，学习过分紧张，构成恶性循环。

6.3.4　健康检查

6.3.4.1　健康检查的意义

人对疾病的自知能力是有限的，往往出现有明显体征的疾病时，才提出治疗要求，这时可能已进入比较严重的阶段。随着预防医学和保健事业的发展，健康检查已成为必要的保健手段，引起全社会的重视。

1. 早　期

主动发现未被识别的疾病、缺陷和危险因素。如测血压、查血脂，对高血压和高血脂病人可早期治疗；妇科检查中发现慢性宫颈炎，及早治疗可以预防宫颈癌；用甲胎蛋白测定发现早期原发性肝病，做到早发现、早治疗。

2. 发现传染病，保护健康人群

传染病患者，通过空气、食物及接触传染疾病，威胁健康人群。通过健康检查，可以发现这些患者，如肺结核、肝炎等。一旦发现及早治疗，予以隔离，可以对易感人群进行及时保护，防止传染病蔓延。

3. 为制定保健计划提供依据

通过检查，可以了解自身的医疗需求和群体对保健的需求，制定预防措施，合理分配卫生资源。如学生中近视眼患病率上升，应制定措施改善照明，加强用眼卫生和预防近视的教育。

4. 为健康档案提供连续、完整的资料

学生从进校到毕业，他们的身体形态、技能、素质和各项健康指标的演变，包括疾病的转归都需要有计划的定期健康检查充实其内容。

5. 为各种健康鉴定提供必要手段

健康检查为健康鉴定提供了资料，例如有特殊传染病的同学应禁止游泳；是否符合特殊专业的要求，需做健康检查；结婚、就业需做健康检查。

6.3.4.2 健康检查的项目选择

要使健康检查合理、经济、富有成效，必须根据不同年龄、性别、生活习惯，针对不同特点，选择不同的检查项目。除一般项目，如心肺、肝脾、皮肤、五官、甲状腺外，对学生的定期检查要重视形态、技能、素质、视力的变化，对女学生要做妇科检查。对回国人员、留学生要进行性病和艾滋病检测，这样才能有的放矢，避免造成人力、物力浪费。大学生健康检查，常选择以下项目。

（1）病史调查：主要是传染病史、地方病史，慢性疾病史、腹泻史、家庭史。

（2）身体形态、身高、体重、胸围。

（3）血压、脉搏、肺活量。

（4）听力、嗅觉、辨色力、口吃与舌。

（5）视力：裸眼视力与矫正视力。

（6）皮肤、淋巴结、眼、耳、鼻、喉、咽、口腔、甲状腺、心肺、肝脾、脊柱四肢、记性、外生殖器。

（7）结核菌素试验。

（8）胸部X透视。

（9）血、尿、粪常规化验，肝功能化验。

（10）对心率快、心律异常者，进一步做心电图、B超等检查。

6.4　自我保健小百科

讲究卫生、预防疾病，是保障身体健康的重要举措，是使体温平稳，防止细菌、寄生虫繁殖、传染，避免外界恶劣环境对身体造成伤害的重要方法。

6.4.1　洗　　浴

洗浴对人体的清洁卫生十分重要。一方面，人体皮肤与外界环境直接接触，受到的污染最为严重，加之皮肤分泌的汗液和脱落的皮屑，需要及时通过洗浴的方式清洁和杀灭细菌；另一方面，通过水的温度和机械作用，可加强自然力锻炼。同时，洗浴还应该注意以下几点：

（1）洗浴水温不宜过高。热水浴易使皮肤血管扩张，汗液分泌过多而引起虚脱。尤其是有心血管疾病或有眼疾时，更应戒之。

（2）选用碱性较小的香皂。碱刺激皮肤，会引起瘙痒和皮肤干裂，容易导致细菌继发感染。特别是皮肤缺乏油脂的人更应该注意，谨慎选用。

（3）毛巾擦身好处多。用毛巾擦身，既可以去除污垢，又可按摩皮肤，促进皮肤的血液循环，有利于皮肤的保健。另外，在洗浴过程中，还应该特别注意颜面、手脚、腋窝、会阴及肛门部位。这些部位大多数是人体"藏污纳垢"之所，要经常洗涤，保持清洁。

6.4.2　换　　衣

换衣对人体的清洁也很重要，热别是内衣内裤应当勤洗、勤换。有些人身体能嗅到一股"秽气"。除了因有"狐臭"和"汗脚"之外，秽气主要来自口、鼻腔、肛门和生殖器等部位，这些地方也正是细菌最容易滋生的所在地。因此，除了经常洗浴之外，还应勤洗衣服，勤换内衣、内裤和袜子。在选择内衣裤时应特别注意质料要柔软，以棉制品为好，不要过硬、过厚，在缝合处也不要有毛刺、线头，以免造成皮肤磨损，引起感染。

6.4.3 刷　牙

刷牙是保护牙齿的重要手段。牙齿是消化系统的门户，营养丰富的食品需要经过牙齿的咀嚼，才容易被吸收。牙齿健全还能增进食欲，品尝出食品的鲜美味道。刷牙除了清除牙中的污垢，减少口腔细菌繁殖，还有按摩牙龈、改善牙周血液循环的作用，这对坚固牙齿、防止齿龈萎缩是很有益的。因此，应养成每天早晚刷牙的卫生习惯，晚上刷牙比早上刷牙更重要。

刷牙可以按摩牙龈，清除口腔内的残余食物，防止细菌繁殖，是口腔保健的有效手段。但很多人刷牙方法不正确，非但不能达到清洁口腔的目的，反而将牙面上的污物刷入牙缝，损伤牙龈。选择一把好牙刷也是十分重要，牙刷的毛绒呈破浪状排列，牙刷毛绒头部无尖刺状物，牙刷在口腔能任意转动，对口腔无不良刺激。正确的刷牙方法是，上下沿牙齿排列方向滚动刷洗，不要拉锯式地横刷。具体做法是，分区刷——把全口牙按上下左右分成几个区，每个区包括2—3个牙，依次上下竖刷，面面俱到，不要遗漏，每个小区要求刷3—4次。提倡一日刷三次牙，每次不少于三分钟。有的同学只每天早晨刷一次牙，是很不科学的。睡前刷牙意义更大，因睡后唾液分泌量减少，口腔自洁作用差，细菌极易繁殖。睡前刷牙能较长时间地保持口腔清洁，对保护牙齿非常有利。

6.4.4 剪　甲

人的指甲及趾甲的缝隙，也很容易成为细菌的繁殖场所。有些人指甲留得过长，并经常用指甲去瘙痒、掏耳，这是一种很不卫生的习惯。须知指甲里面的细菌很多，瘙痒时往往会使皮肤破损，露出血痕，细菌就会趁机而入，在破损的部位造成感染。特别是用指甲掏耳朵，更易引起耳道炎，造致病患。因此，应养成经常剪指甲，刷洗甲缝的良好卫生习惯。

6.4.5 科学睡眠

睡眠是一种特殊的休息形式，睡眠时间不够、质量差，不但影响学习和工作，整日头昏脑涨，精神懒散，还影响身体健康，导致疾病发生。美国学者通过对7 000人，五年的跟踪研究，认为睡眠不好是影响人类寿命的七种原因之一。科学的睡眠应包括：

（1）足够的睡眠时间。大学生一般需保证7—8小时的睡眠。

（2）要有良好的睡眠姿势。最好的睡相是向右侧卧，将身体弯曲如弓，右肋在下，左肋在上，心脏位置较高，有利于减轻心脏负担。右侧卧位血流易经肝脏流过，有利于肝脏的新陈代谢。因胃通向十二指肠的开口是向右侧开的，右侧位也有利于食物在胃肠运行消化。

（3）睡眠方向。最好头朝南睡，这样与地球磁极相一致。

（4）养成按时起床、定时睡觉的习惯，对于恢复体力、清醒头脑很重要。

（5）养成良好的习惯，睡前刷牙、梳头、洗脚有助于尽快入睡，睡前不要喝浓茶、咖啡，睡前应避免剧烈运动，不要蒙头睡觉，室内通风、空气新鲜，可以提高睡眠的质量。

（6）选择合适的枕头。枕头过低，头部充血，醒后常感头昏，面部浮肿。枕头太高，易造成"落枕"、呼吸不畅、打鼾，枕头的高度应与肩部持平为宜。

（7）睡觉前心情要舒畅，达到"忘我境界"，不要联想翩翩，情绪昂扬，这样易引起失眠。如果长期失眠，会导致神经衰弱，应积极治疗。对大学生来讲，失眠最多见的原因是心理社会因素，应消除心理压力，以科学的方法入睡，不能依赖安眠药。长期使用安眠药，会破坏正常的睡眠模式，形成对药物的依赖性、耐药性。科学的睡眠，能保证睡眠的时间和质量，足够的睡眠可保证大脑正常的机能。

6.4.6 预防"计算机眼病"

随着计算机的普及和应用，计算机操作人员易产生视觉模糊、眼睛疲劳、眼睛发痒、异物感、灼热畏光、幻视等症状，有的人还伴有头昏、头痛、呕吐、失眠、食欲不振等。医学家们将这种情况称为"计算机眼病"或统称为"计算机病"。据世界卫生组织公布，20世纪80年代以来，世界上发现了6种新病症，其中之一就是这种"计算机病"。根据统计，微机操作员每天使用终端显示器3小时以上，80%的人都会出现眼疲劳症状和神经、胃肠症状。怎样预防"计算机病"呢？可以从以下几方面注意：

（1）不要长时间注视着屏幕，工作一段时间应休息片刻或改做其他事，观察数据时应经常眨眨眼。因为微机操作人员，一直盯着荧光屏，使眼睛肌肉处于紧张状态，以致眼睛酸痛、视物模糊。双眼长时间盯着荧屏，很少眨眼，角膜表面不能得到润滑，泪罩被破坏，就会产生眼痒、灼热、畏光现象，长期的眼疲劳，还容易导致近视。

（2）工作中注意休息，改善工作环境。每工作1小时应休息15分钟，活动一下颈部、肩部，闭闭眼，往远处眺望一会儿。要注意室内通风，因为计算机房空气负离子含量少，长期下去会使人头昏、眼花、四肢酸痛。

（3）坐姿要舒适自在，计算机屏幕中心应安放在与胸部同一水平的位置，距离眼睛50厘米左右。科学研究发现，电脑两侧有较强的电磁辐射，所以操作电脑应保持距离，电磁辐射可引起白内障、心血管病、脑损伤和植物神经功能紊乱。近来有报道称，电脑磁场会引起流产、胎儿畸形和癌症，而且发生率较高。

（4）室内光照和计算机屏幕的颜色也和视疲劳的发生有关。经测试，计算机屏幕为蓝色、红色，比绿色恢复视觉需要的时间短，所以日常应选橘红色计算机屏幕颜色为宜，而以往普遍认为选用绿色的计算机屏幕对人眼有益的看法是片面的。

（5）计算机操作者，有屈光不正应及时矫正，有眼病应及时治疗，以免加重"计算机眼病"，产生上机恐惧症。

6.4.7　怎样选配眼镜

据统计，目前全国大学生中有屈光不正者约占50%，绝大多数需配眼镜。佩戴适度的眼镜是矫治屈光不正的基本方法。大学生中绝大多数是近视眼，仅以近视为例讲一下科学选配的知识。

1. 验　光

通过试戴镜片或通过检影镜检查来确定需戴多少度镜片的方法叫验光。前者叫主觉验光法，后者称他觉验光法。主觉验光法是直接将镜片放在病人眼前，求得最佳视力所需的镜片度数，主觉验光快速、简便。他觉验光又称扩瞳验光，选阿托品或阿托品酰胺滴眼，使患者睫状肌松弛，瞳孔充分散大，医生在暗室内，坐在病人对面1米远处，手持检影镜，将光线投射到病人瞳孔区，根据光影移动加上相应镜片而测得屈光度。电脑验光是一种先进的仪器，优点是不扩瞳，能迅速得到结果，可用于初测和普查，但它验光后不易直接处方，不能替代有经验的验光师，仍需主觉验光调整后才能配镜。

2. 选择眼镜架

一副理想的眼镜，不仅验光度数准确，还要选合适的眼镜架。好的眼镜架应安全，对皮肤无刺激，重量轻，结实不变形，装好后应平行、对称、松紧适度，无压迫感。眼镜架又是一种装饰品，应根据患者脸型、用途、度数、肤色、职业爱好等进行选择。

男式镜架宜选深紫色或咖啡色，高大健壮者宜用粗犷型壮实架，不用浅色轻巧架；女式镜架宜选用色泽明快型，镜架外型一般以椭圆形或六角形为好。金属架材料要有一定硬度和弹性，不变形。鼻叶与托叶腿和镜框的接头要结实。

3. 眼镜片的选择

眼镜片材料需要光学性能好，折射率稳定，对可见光有较高透过率，不反光、不产生幻影，视感完美、清晰，镜片材料应尽可能轻盈，能抗红外线、紫外线光，防止眼镜受红外线、紫外线伤害而致眼畏光、流泪、眼痛，重者可发生角膜炎或白内障。镜片的光学中心应符合两眼视轴要求，无光眺。常用的品种按材料分有：光学白托，是目前普遍采用的优质材料，适于中度以下近视、远视、散光镜片。光学克司由于材料加入了氧化锌，具有双色效应，在日光下呈浅蓝色，在钨灯下呈淡红色，吸收有害光性能优于其他镜片，适作近视、远视、散光镜片。光学克罗赛脱片，其成分因加入了氧化硒元素而呈淡红色，颜色明快，吸收紫外线功能强，适合作近视、散光镜片。变色镜片是由不同原料制成不同颜色，有茶色、灰色，这种镜片在阳光下起反应，颜色变深色，光弱时又变成浅色，能避免强光刺眼，但不宜做成度数较高的眼镜。有机树脂镜片，常用的为CR-39树脂片，这种镜片轻、不易破碎。现在市场上有一种太空树脂镜片，硬度大、折光率高、轻，是理想镜片材料，但价格较高。

一般认为裸眼视力0.6以上的近视，不必戴眼镜。对高度近视，佩戴眼镜是必要的，配镜时视力矫正到1.0左右即可，不一定要矫正到1.5。假性近视度数深或混合性近视视物不清者，可配适合度数的眼镜，但不要长期持续戴，光线好、视物清晰时可以不戴。近视眼镜根据情况，需要时戴，根据主客观条件的变化，时戴时摘不会加深近视。近视眼的防治，要求注意用眼卫生，防止过度疲劳，加强锻炼，合理饮食。

6.4.8　隐形眼镜的使用与保养

隐形眼镜即角膜接触镜，因美容效果好，矫正视力好，深受青少年欢迎。多用于矫正近视，也可用于治疗眼病。

1. 隐形眼镜的种类

常用的有硬性和软性两种。硬性隐形眼镜是用聚甲基丙烯酸甲酯有机玻璃制成，性能比较差，目前已较少使用。现在有一种硅聚合物制成的高透气硬性隐形镜片，氧气容易透入，镜片不吸收污物，无需消毒，材料不易老化，使用寿命长，但价格昂贵，随着成本降低将会普及。软性隐形镜，是由聚甲基丙烯酸羟乙基脂制成，镜片吸水且薄，材料成网状，透氧性好，故戴镜时间长、舒适，受佩戴者欢迎。但使用寿命短，易丧失弹性而老化，容易吸入污染物，必须严格消毒，否则易产生并发症。有色隐形眼镜常用于美容，如治疗角膜白斑，先天性无虹膜等症。

2. 戴隐形眼镜对眼的影响

隐形眼镜因直接贴在角膜上阻断了角膜正常的氧代谢途径和泪水的清洁、营养作用，长期戴镜者可能会出现以下情况：①角膜炎，有报告霉菌感染、绿脓杆菌感染的是最严重的并发症，治疗不及时可失明。②角膜点状着色，呈弥漫性分布，一般不影响视力，长期戴镜者，可有角膜新生血管形成。③睑结膜滤泡样肥大，黏液分泌物增多，戴镜耐受性降低。镜片中央出现白色沉淀物，冲洗不掉会引起眼部刺激症状并影响视力。应严格按说明戴镜，硬镜每日戴6—8小时，软镜含水量55%以上的可戴一周。目前国际上为减少对眼的影响，推广使用一次性抛弃型隐形眼镜。

3. 戴隐形眼镜注意事项

（1）戴镜前要检查镜面有无纤维、毛发等异物。

（2）取镜时要洗手、剪指甲。

（3）眼镜片要定时清洁及消毒，不用时保存好。

（4）使用眼周化妆品时要闭眼。

（5）戴隐形眼镜后不能揉眼。

（6）眼睛有不适时，暂不要戴。

（7）洗澡、游泳、睡觉时不能戴。

（8）严重的结膜、角膜疾病绝对不能戴。

（9）工作环境有化学品、毒气时不能戴。

（10）上微机或长时间盯物久视的工作，不宜久戴隐形镜，一定要勤眨眼，勤清洗镜片。

4. 隐形眼镜的保存和清洗

硬镜可保存在干燥的镜盒中，软镜要浸在生理盐水或有专用保存液的镜盒中，保存液每天要换，液体不能干掉。清洗硬镜片，可用肥皂水用手指揉擦，再用清水冲洗，切忌划伤镜面降低透明度。软镜易被分泌物、细菌污染，要进行严格的消毒，方法是将镜片放在手心，滴几滴清洁液，另一手指轻轻研磨镜片前后面，用冲洗液或生理盐水将镜面彻底冲洗干净，洗净的镜片放入盛有消毒液的双联盒中，浸泡20分钟，倒去消毒液，再用冲洗液冲干净，再放入存有新鲜保存液的双联盒中保存。一般软镜使用期为1年，高透气性硬镜，材料不易老化，可使用5年以上。

6.4.9　输血知识

《中华人民共和国献血法》于1998年10月施行。该法规定，国家实行无偿献血制度。现对有关献血、输血知识做介绍。

1. 适量献血无损健康

献血法规定，现役军人、大专院校学生、党政机关干部要带头献血。正常人的总血量占体重的8%左右，除了流动在血管中的血液，还有相当一部分血液储存于骨髓、肝、脾等器官，可及时补充到血管中。如果一次失血不超过总血量的10%，不会影响健康。如体重50千克的人，总血量为4 000毫升，如一次献血200毫升，仅占血量5%，对健康丝毫没有影响。献血后会刺激造血器官加速血红细胞的生产，新的血液很快产生。这个过程还促进了机体的新陈代谢，有利于健康。

2. 自体输血

自体输血是将接受手术者的血液或血液成分，预先采集或术中采集、贮存，再回输给受术者，这种方法已有100多年的历史。近年随着异体输血的弊端越来越多，经血液传播性疾病的威胁日益突出，自体输血受到了人们的重视。自体输血的优越性有：

（1）可以杜绝经输血传播的疾病，如肝炎、梅毒、疟疾、艾滋病，避免输异体血后可能发生的免疫抑制、发烧、皮疹等副作用。

（2）小量采血可以刺激骨髓的造血功能。

（3）特殊血型患者储备自体血，可以避免找血源困难的问题。

（4）节约血资源，同时也减少了医疗费支出。

（5）在无条件采集异体血的边远地区、急救现场，可以自体输血对患者进行抢救。

自体采血方式有3种：手术前提前采血预存；术中血液稀释采血；将病人手术中流失的血液收集处理后，再回输给病人。

6.5　笑——精神的阳光

笑是表现内心快乐的特殊方式，是精神良好的表现，是心理和生理健康的象征。婴儿大约出生8天就会笑。笑声来自深呼吸，开怀大笑使腹肌、胸肌、心肺都得到有节奏的收缩，每笑一次，横隔大约震动18次。笑逐颜开时，肺扩张使心脏得到了按摩，大脑血液循环得到了加强，促进了食欲。笑伴随着轻快的动作，影响人体每一个器官。在一切能够影响精神和人体功能的活动中，笑是最有益的。笑是一种解脱，笑得越痛快、越长久，越有益于身体健康。

遗憾的是，过于理想的现代人往往是严肃有余、幽默不足，脸上少有笑容，脸部肌肉整天处于紧张状态。据资料显示，40年前的人每日平均笑18分钟，而现代人每日笑的时间少于6分钟。由于人们越来越缺乏幽默感，喜剧演员想掌握观众的情绪也越来越不容易。现代社会太重功利是导致人们失去幽默感的主要原因，越是发达国家，心情沮丧的人比例越高，许多功成名就的人也伴随着沉重的失落感。高度发展的消费社会，人们常不自觉地同他人比较。比如，有些博士生的经济收入不如个体户，他们带着这种心理环顾四周，总是让自己不满足、不快乐。

　　面对困难，面对忧烦，甚至面对死亡我们都付之一笑。付之一笑是人摆脱困扰的一种力量，对那些令人不快的事一笑了之，用笑来驱除一切不良情绪。一旦笑了，不管你精神如何不安，都可以撑得过去。要经常大笑，让笑声充满大学生的生活，对人对事坦荡地笑，不论身处何种逆境，都应充满欢乐，尽情欢笑。历史曾记载清代某八府巡按患忧虑症，经中医诊脉后，说这位男士得了"月经不调"。他每想起这荒诞的诊断就不禁哑然失笑，不久病即痊愈。没有阳光，万物不能生长，笑是精神的阳光，笑意写在脸上，喜悦挂在眉梢，笑一千次，笑一万次，一生都笑，让笑声伴我们健康的一生！

参考文献

[1] 李宏图，吴明智，司淑梅.大学生体育锻炼与健康指南[M].辽宁：东北师范大学出版社，2011.

[2] 赵坛生.大学体育锻炼与健康指导[M].北京：北京邮电大学出版社，2011.

[3] 王发斌.试论大学生身体锻炼和自我保健能力的培养[J].中国科技信息，2005，2（23）：137.

[4] 胡英清.大学生身体锻炼运动处方研究[J].体育学刊，2000（05）.

[5] 吴筱珍，陈云天.运动处方的概念及相关研究[J].淮北师范大学学报（自然科学版），2012（02）.

[6] 贾秀春，李晓霞.体育保健与健康指导[M].吉林：吉林大学出版社，2012.

[7] 张瑞林译.体育保健与康复[M].北京：高等教育出版社，2005（09）.

附录一 《国家学生体质健康标准》

（2014年修订）

一、说　明

1．《国家学生体质健康标准》（以下简称《标准》）是国家学校教育工作的基础性指导文件和教育质量基本标准，是评价学生综合素质、评估学校工作和衡量各地教育发展的重要依据，是《国家体育锻炼标准》在学校的具体实施，适用于全日制普通小学、初中、普通高中、中等职业学校、普通高等学校的学生。

2．本标准的修订坚持健康第一，落实《国家中长期教育改革和发展规划纲要（2010—2020年）》、《国务院办公厅转发教育部等部门关于进一步加强学校体育工作若干意见的通知》（国办发〔2012〕53号）和《教育部关于印发〈学生体质健康监测评价办法〉等三个文件的通知》（教体艺〔2014〕3号）有关要求，着重提高《标准》应用的信度、效度和区分度，着重强化其教育激励、反馈调整和引导锻炼的功能，着重提高其教育监测和绩效评价的支撑能力。

3．本标准从身体形态、身体机能和身体素质等方面综合评定学生的体质健康水平，是促进学生体质健康发展、激励学生积极进行身体锻炼的教育手段，是国家学生发展核心素养体系和学业质量标准的重要组成部分，是学生体质健康的个体评价标准。

4．本标准将适用对象划分为以下组别：小学、初中、高中按每个年级为一组，其中小学为6组、初中为3组、高中为3组。大学一、二年级为一组，三、四年级为一组。

5．小学、初中、高中、大学各组别的测试指标均为必测指标。其中，身体形态类中的身高、体重，身体机能类中的肺活量，以及身体素质类中的50米跑、坐位体前屈为各年级学生共性指标。

6．本标准的学年总分由标准分与附加分之和构成，满分为120分。标准分由各单项指标得分与权重乘积之和组成，满分为100分。附加分根据实测成绩确定，即对成绩超过100分的加分指标进行加分，满分为20分。小学的加分指标为1分钟跳绳，加分幅度为20分；初中、高中和大学的加分指标为男生引体向上和1 000米跑，女生1分钟仰卧起坐和800米跑，各指标加分幅度均为10分。

7．根据学生学年总分评定等级：90.0分及以上为优秀，80.0—89.9分为良好，60.0—79.9分为及格，59.9分及以下为不及格。

8．每个学生每学年评定一次，记入《〈国家学生体质健康标准〉登记卡》（附表1—6）。特殊学制的学校，在填写登记卡时可以按规定和需求相应地增减栏目。学生毕业时的成绩和等级，按毕业当年学年总分的50%与其他学年总分平均得分的50%之和进行评定。

9．学生测试成绩评定达到良好及以上者，方可参加评优与评奖。成绩达到优秀者，方可获体育奖学分。测试成绩评定不及格者，在本学年度准予补测一次，补测仍不及格，则学年成绩评定为不及格。普通高中、中等职业学校和普通高等学校学生毕业时，《标准》测试的成绩达不到50分者按结业或肄业处理。

10．学生因病或残疾可向学校提交暂缓或免予执行《标准》的申请，经医疗单位证明，体育教学部门核准，可暂缓或免予执行《标准》，并填写《免予执行〈国家学生体质健康标准〉申请表》（附表7），存入学生档案。确实丧失运动能力、被免予执行《标准》的残疾学生，仍可参加评优与评奖，毕业时《标准》成绩需注明免测。

11．各学校每学年开展覆盖本校各年级学生的《标准》测试工作，《标准》测试数据经当地教育行政部门按要求审核后，通过"中国学生体质健康网"上传至"国家学生体质健康标准数据管理系统"。测试和数据上传时间由教育行政部门确定。

12．本标准由教育部负责解释。

二、单项指标与权重

测试对象	单项指标	权重（%）
小学一年级至大学四年级	体重指数（BMI）	15
	肺活量	15
小学一、二年级	50米跑	20
	坐位体前屈	30
	1分钟跳绳	20
小学三、四年级	50米跑	20
	坐位体前屈	20
	1分钟跳绳	20
	1分钟仰卧起坐	10
小学五、六年级	50米跑	20
	坐位体前屈	10
	1分钟跳绳	10
	1分钟仰卧起坐	20
	50米×8往返跑	10
初中、高中、大学各年级	50米跑	20
	坐位体前屈	10
	立定跳远	10
	引体向上（男）/1分钟仰卧起坐（女）	10
	1 000米跑（男）/800米跑（女）	20

注：体重指数（BMI）=体重（千克）/身高²（米²）。

三、评 分 表

（一）单项指标评分表

表1-1　男生体重指数（BMI）单项评分表（单位：千克/米²）

等级	单项得分	一年级	二年级	三年级	四年级	五年级	六年级
正常	100	13.5—18.1	13.7—18.4	13.9—19.4	14.2—20.1	14.4—21.4	14.7—21.8
低体重	80	≤13.4	≤13.6	≤13.8	≤14.1	≤14.3	≤14.6
超重		18.2—20.3	18.5—20.4	19.5—22.1	20.2—22.6	21.5—24.1	21.9—24.5
肥胖	60	≥20.4	≥20.5	≥22.2	≥22.7	≥24.2	≥24.6

等级	单项得分	初一	初二	初三	高一	高二	高三	大学
正常	100	15.5—22.1	15.7—22.5	15.8—22.8	16.5—23.2	16.8—23.7	17.3—23.8	17.9—23.9
低体重	80	≤15.4	≤15.6	≤15.7	≤16.4	≤16.7	≤17.2	≤17.8
超重		22.2—24.9	22.6—25.2	22.9—26.0	23.3—26.3	23.8—26.5	23.9—27.3	24.0—27.9
肥胖	60	≥25.0	≥25.3	≥26.1	≥26.4	≥26.6	≥27.4	≥28.0

表1-2　女生体重指数（BMI）单项评分表（单位：千克/米²）

等级	单项得分	一年级	二年级	三年级	四年级	五年级	六年级
正常	100	13.3—17.3	13.5—17.8	13.6—18.6	13.7—19.4	13.8—20.5	14.2—20.8
低体重	80	≤13.2	≤13.4	≤13.5	≤13.6	≤13.7	≤14.1
超重		17.4—19.2	17.9—20.2	18.7—21.1	19.5—22.0	20.6—22.9	20.9—23.6
肥胖	60	≥19.3	≥20.3	≥21.2	≥22.1	≥23.0	≥23.7

等级	单项得分	初一	初二	初三	高一	高二	高三	大学
正常	100	14.8—21.7	15.3—22.2	16.0—22.6	16.5—22.7	16.9—23.2	17.1—23.3	17.2—23.9
低体重	80	≤14.7	≤15.2	≤15.9	≤16.4	≤16.8	≤17.0	≤17.1
超重		21.8—24.4	22.3—24.8	22.7—25.1	22.8—25.2	23.3—25.4	23.4—25.7	24.0—27.9
肥胖	60	≥24.5	≥24.9	≥25.2	≥25.3	≥25.5	≥25.8	≥28.0

表1-3 男生肺活量单项评分表（单位：毫升）

等级	单项得分	一年级	二年级	三年级	四年级	五年级	六年级	初一
优秀	100	1 700	2 000	2 300	2 600	2 900	3 200	3 640
	95	1 600	1 900	2 200	2 500	2 800	3 100	3 520
	90	1 500	1 800	2 100	2 400	2 700	3 000	3 400
良好	85	1 400	1 650	1 900	2 150	2 450	2 750	3 150
	80	1 300	1 500	1 700	1 900	2 200	2 500	2 900
及格	78	1 240	1 430	1 620	1 820	2 110	2 400	2 780
	76	1 180	1 360	1 540	1 740	2 020	2 300	2 660
	74	1 120	1 290	1 460	1 660	1 930	2 200	2 540
	72	1 060	1 220	1 380	1 580	1 840	2 100	2 420
	70	1 000	1 150	1 300	1 500	1 750	2 000	2 300
	68	940	1 080	1 220	1 420	1 660	1 900	2 180
	66	880	1 010	1 140	1 340	1 570	1 800	2 060
	64	820	940	1 060	1 260	1 480	1 700	1 940
	62	760	870	980	1 180	1 390	1 600	1 820
	60	700	800	900	1 100	1 300	1 500	1 700
不及格	50	660	750	840	1 030	1 220	1 410	1 600
	40	620	700	780	960	1 140	1 320	1 500
	30	580	650	720	890	1 060	1 230	1 400
	20	540	600	660	820	980	1 140	1 300
	10	500	550	600	750	900	1 050	1 200

等级	单项得分	初二	初三	高一	高二	高三	大一大二	大三大四
优秀	100	3 940	4 240	4 540	4 740	4 940	5 040	5 140
	95	3 820	4 120	4 420	4 620	4 820	4 920	5 020
	90	3 700	4 000	4 300	4 500	4 700	4 800	4 900
良好	85	3 450	3 750	4 050	4 250	4 450	4 550	4 650
	80	3 200	3 500	3 800	4 000	4 200	4 300	4 400
及格	78	3 080	3 380	3 680	3 880	4 080	4 180	4 280
	76	2 960	3 260	3 560	3 760	3 960	4 060	4 160
	74	2 840	3 140	3 440	3 640	3 840	3 940	4 040
	72	2 720	3 020	3 320	3 520	3 720	3 820	3 920
	70	2 600	2 900	3 200	3 400	3 600	3 700	3 800
	68	2 480	2 780	3 080	3 280	3 480	3 580	3 680
	66	2 360	2 660	2 960	3 160	3 360	3 460	3 560
	64	2 240	2 540	2 840	3 040	3 240	3 340	3 440
	62	2 120	2 420	2 720	2 920	3 120	3 220	3 320
	60	2 000	2 300	2 600	2 800	3 000	3 100	3 200
不及格	50	1 890	2 180	2 470	2 660	2 850	2 940	3 030
	40	1 780	2 060	2 340	2 520	2 700	2 780	2 860
	30	1 670	1 940	2 210	2 380	2 550	2 620	2 690
	20	1 560	1 820	2 080	2 240	2 400	2 460	2 520
	10	1 450	1 700	1 950	2 100	2 250	2 300	2 350

表1-4 女生肺活量单项评分表（单位：毫升）

等级	单项得分	一年级	二年级	三年级	四年级	五年级	六年级	初一
优秀	100	1 400	1 600	1 800	2 000	2 250	2 500	2 750
	95	1 300	1 500	1 700	1 900	2 150	2 400	2 650
	90	1 200	1 400	1 600	1 800	2 050	2 300	2 550
良好	85	1 100	1 300	1 500	1 700	1 950	2 200	2 450
	80	1 000	1 200	1 400	1 600	1 850	2 100	2 350
及格	78	960	1 150	1 340	1 530	1 770	2 010	2 250
	76	920	1 100	1 280	1 460	1 690	1920	2 150
	74	880	1 050	1 220	1 390	1 610	1 830	2 050
	72	840	1 000	1 160	1 320	1 530	1 740	1 950
	70	800	950	1 100	1 250	1 450	1 650	1 850
	68	760	900	1 040	1 180	1 370	1 560	1 750
	66	720	850	980	1 110	1 290	1 470	1 650
	64	680	800	920	1 040	1 210	1 380	1 550
	62	640	750	860	970	1 130	1 290	1 450
	60	600	700	800	900	1 050	1 200	1 350
不及格	50	580	680	780	880	1 020	1 170	1 310
	40	560	660	760	860	990	1 140	1 270
	30	540	640	740	840	960	1 110	1 230
	20	520	620	720	820	930	1 080	1 190
	10	500	600	700	800	900	1 050	1 150

等级	单项得分	初二	初三	高一	高二	高三	大一大二	大三大四
优秀	100	2 900	3 050	3 150	3 250	3 350	3 400	3 450
	95	2 850	3 000	3 100	3 200	3 300	3 350	3 400
	90	2 800	2 950	3 050	3 150	3 250	3 300	3 350
良好	85	2 650	2 800	2 900	3 000	3 100	3 150	3 200
	80	2 500	2 650	2 750	2 850	2 950	3 000	3 050
及格	78	2 400	2 550	2 650	2 750	2 850	2 900	2 950
	76	2 300	2 450	2 550	2 650	2 750	2 800	2 850
	74	2 200	2 350	2 450	2 550	2 650	2 700	2 750
	72	2 100	2 250	2 350	2 450	2 550	2 600	2 650
	70	2 000	2 150	2 250	2 350	2 450	2 500	2 550
	68	1 900	2 050	2 150	2 250	2 350	2 400	2 450
	66	1 800	1 950	2 050	2 150	2 250	2 300	2 350
	64	1 700	1 850	1 950	2 050	2 150	2 200	2 250
	62	1 600	1 750	1 850	1 950	2 050	2 100	2 150
	60	1 500	1 650	1 750	1 850	1 950	2 000	2 050
不及格	50	1 460	1 610	1 710	1 810	1 910	1 960	2010
	40	1 420	1 570	1 670	1 770	1 870	1 920	1 970
	30	1 380	1 530	1 630	1 730	1 830	1 880	1 930
	20	1 340	1 490	1 590	1 690	1 790	1 840	1 890
	10	1 300	1 450	1 550	1 650	1 750	1 800	1 850

表1-5　男生50米跑单项评分表（单位：秒）

等级	单项得分	一年级	二年级	三年级	四年级	五年级	六年级	初一
优秀	100	10.2	9.6	9.1	8.7	8.4	8.2	7.8
	95	10.3	9.7	9.2	8.8	8.5	8.3	7.9
	90	10.4	9.8	9.3	8.9	8.6	8.4	8.0
良好	85	10.5	9.9	9.4	9.0	8.7	8.5	8.1
	80	10.6	10.0	9.5	9.1	8.8	8.6	8.2
及格	78	10.8	10.2	9.7	9.3	9.0	8.8	8.4
	76	11.0	10.4	9.9	9.5	9.2	9.0	8.6
	74	11.2	10.6	10.1	9.7	9.4	9.2	8.8
	72	11.4	10.8	10.3	9.9	9.6	9.4	9.0
	70	11.6	11.0	10.5	10.1	9.8	9.6	9.2
	68	11.8	11.2	10.7	10.3	10.0	9.8	9.4
	66	12.0	11.4	10.9	10.5	10.2	10.0	9.6
	64	12.2	11.6	11.1	10.7	10.4	10.2	9.8
	62	12.4	11.8	11.3	10.9	10.6	10.4	10.0
	60	12.6	12.0	11.5	11.1	10.8	10.6	10.2
不及格	50	12.8	12.2	11.7	11.3	11.0	10.8	10.4
	40	13.0	12.4	11.9	11.5	11.2	11.0	10.6
	30	13.2	12.6	12.1	11.7	11.4	11.2	10.8
	20	13.4	12.8	12.3	11.9	11.6	11.4	11.0
	10	13.6	13.0	12.5	12.1	11.8	11.6	11.2

等级	单项得分	初二	初三	高一	高二	高三	大一大二	大三大四
优秀	100	7.5	7.3	7.1	7.0	6.8	6.7	6.6
	95	7.6	7.4	7.2	7.1	6.9	6.8	6.7
	90	7.7	7.5	7.3	7.2	7.0	6.9	6.8
良好	85	7.8	7.6	7.4	7.3	7.1	7.0	6.9
	80	7.9	7.7	7.5	7.4	7.2	7.1	7.0
及格	78	8.1	7.9	7.7	7.6	7.4	7.3	7.2
	76	8.3	8.1	7.9	7.8	7.6	7.5	7.4
	74	8.5	8.3	8.1	8.0	7.8	7.7	7.6
	72	8.7	8.5	8.3	8.2	8.0	7.9	7.8
	70	8.9	8.7	8.5	8.4	8.2	8.1	8.0
	68	9.1	8.9	8.7	8.6	8.4	8.3	8.2
	66	9.3	9.1	8.9	8.8	8.6	8.5	8.4
	64	9.5	9.3	9.1	9.0	8.8	8.7	8.6
	62	9.7	9.5	9.3	9.2	9.0	8.9	8.8
	60	9.9	9.7	9.5	9.4	9.2	9.1	9.0
不及格	50	10.1	9.9	9.7	9.6	9.4	9.3	9.2
	40	10.3	10.1	9.9	9.8	9.6	9.5	9.4
	30	10.5	10.3	10.1	10.0	9.8	9.7	9.6
	20	10.7	10.5	10.3	10.2	10.0	9.9	9.8
	10	10.9	10.7	10.5	10.4	10.2	10.1	10.0

表1–6　女生50米跑单项评分表（单位：秒）

等级	单项得分	一年级	二年级	三年级	四年级	五年级	六年级	初一
优秀	100	11.0	10.0	9.2	8.7	8.3	8.2	8.1
	95	11.1	10.1	9.3	8.8	8.4	8.3	8.2
	90	11.2	10.2	9.4	8.9	8.5	8.4	8.3
良好	85	11.5	10.5	9.7	9.2	8.8	8.7	8.6
	80	11.8	10.8	10.0	9.5	9.1	9.0	8.9
及格	78	12.0	11.0	10.2	9.7	9.3	9.2	9.1
	76	12.2	11.2	10.4	9.9	9.5	9.4	9.3
	74	12.4	11.4	10.6	10.1	9.7	9.6	9.5
	72	12.6	11.6	10.8	10.3	9.9	9.8	9.7
	70	12.8	11.8	11.0	10.5	10.1	10.0	9.9
	68	13.0	12.0	11.2	10.7	10.3	10.2	10.1
	66	13.2	12.2	11.4	10.9	10.5	10.4	10.3
	64	13.4	12.4	11.6	11.1	10.7	10.6	10.5
	62	13.6	12.6	11.8	11.3	10.9	10.8	10.7
	60	13.8	12.8	12.0	11.5	11.1	11.0	10.9
不及格	50	14.0	13.0	12.2	11.7	11.3	11.2	11.1
	40	14.2	13.2	12.4	11.9	11.5	11.4	11.3
	30	14.4	13.4	12.6	12.1	11.7	11.6	11.5
	20	14.6	13.6	12.8	12.3	11.9	11.8	11.7
	10	14.8	13.8	13.0	12.5	12.1	12.0	11.9

等级	单项得分	初二	初三	高一	高二	高三	大一大二	大三大四
优秀	100	8.0	7.9	7.8	7.7	7.6	7.5	7.4
	95	8.1	8.0	7.9	7.8	7.7	7.6	7.5
	90	8.2	8.1	8.0	7.9	7.8	7.7	7.6
良好	85	8.5	8.4	8.3	8.2	8.1	8.0	7.9
	80	8.8	8.7	8.6	8.5	8.4	8.3	8.2
及格	78	9.0	8.9	8.8	8.7	8.6	8.5	8.4
	76	9.2	9.1	9.0	8.9	8.8	8.7	8.6
	74	9.4	9.3	9.2	9.1	9.0	8.9	8.8
	72	9.6	9.5	9.4	9.3	9.2	9.1	9.0
	70	9.8	9.7	9.6	9.5	9.4	9.3	9.2
	68	10.0	9.9	9.8	9.7	9.6	9.5	9.4
	66	10.2	10.1	10.0	9.9	9.8	9.7	9.6
	64	10.4	10.3	10.2	10.1	10.0	9.9	9.8
	62	10.6	10.5	10.4	10.3	10.2	10.1	10.0
	60	10.8	10.7	10.6	10.5	10.4	10.3	10.2
不及格	50	11.0	10.9	10.8	10.7	10.6	10.5	10.4
	40	11.2	11.1	11.0	10.9	10.8	10.7	10.6
	30	11.4	11.3	11.2	11.1	11.0	10.9	10.8
	20	11.6	11.5	11.4	11.3	11.2	11.1	11.0
	10	11.8	11.7	11.6	11.5	11.4	11.3	11.2

表1-7 男生坐位体前屈单项评分表（单位：厘米）

等级	单项得分	一年级	二年级	三年级	四年级	五年级	六年级	初一
优秀	100	16.1	16.2	16.3	16.4	16.5	16.6	17.6
	95	14.6	14.7	14.9	15.0	15.2	15.3	15.9
	90	13.0	13.2	13.4	13.6	13.8	14.0	14.2
良好	85	12.0	11.9	11.8	11.7	11.6	11.5	12.3
	80	11.0	10.6	10.2	9.8	9.4	9.0	10.4
及格	78	9.9	9.5	9.1	8.6	8.2	7.7	9.1
	76	8.8	8.4	8.0	7.4	7.0	6.4	7.8
	74	7.7	7.3	6.9	6.2	5.8	5.1	6.5
	72	6.6	6.2	5.8	5.0	4.6	3.8	5.2
	70	5.5	5.1	4.7	3.8	3.4	2.5	3.9
	68	4.4	4.0	3.6	2.6	2.2	1.2	2.6
	66	3.3	2.9	2.5	1.4	1.0	−0.1	1.3
	64	2.2	1.8	1.4	0.2	−0.2	−1.4	0.0
	62	1.1	0.7	0.3	−1.0	−1.4	−2.7	−1.3
	60	0.0	−0.4	−0.8	−2.2	−2.6	−4.0	−2.6
不及格	50	−0.8	−1.2	−1.6	−3.2	−3.6	−5.0	−3.8
	40	−1.6	−2.0	−2.4	−4.2	−4.6	−6.0	−5.0
	30	−2.4	−2.8	−3.2	−5.2	−5.6	−7.0	−6.2
	20	−3.2	−3.6	−4.0	−6.2	−6.6	−8.0	−7.4
	10	−4.0	−4.4	−4.8	−7.2	−7.6	−9.0	−8.6

等级	单项得分	初二	初三	高一	高二	高三	大一 大二	大三 大四
优秀	100	19.6	21.6	23.6	24.3	24.6	24.9	25.1
	95	17.7	19.7	21.5	22.4	22.8	23.1	23.3
	90	15.8	17.8	19.4	20.5	21.0	21.3	21.5
良好	85	13.7	15.8	17.2	18.3	19.1	19.5	19.9
	80	11.6	13.8	15.0	16.1	17.2	17.7	18.2
及格	78	10.3	12.4	13.6	14.7	15.8	16.3	16.8
	76	9.0	11.0	12.2	13.3	14.4	14.9	15.4
	74	7.7	9.6	10.8	11.9	13.0	13.5	14.0
	72	6.4	8.2	9.4	10.5	11.6	12.1	12.6
	70	5.1	6.8	8.0	9.1	10.2	10.7	11.2
	68	3.8	5.4	6.6	7.7	8.8	9.3	9.8
	66	2.5	4.0	5.2	6.3	7.4	7.9	8.4
	64	1.2	2.6	3.8	4.9	6.0	6.5	7.0
	62	−0.1	1.2	2.4	3.5	4.6	5.1	5.6
	60	−1.4	−0.2	1.0	2.1	3.2	3.7	4.2
不及格	50	−2.6	−1.4	0.0	1.1	2.2	2.7	3.2
	40	−3.8	−2.6	−1.0	0.1	1.2	1.7	2.2
	30	−5.0	−3.8	−2.0	−0.9	0.2	0.7	1.2
	20	−6.2	−5.0	−3.0	−1.9	−0.8	−0.3	0.2
	10	−7.4	−6.2	−4.0	−2.9	−1.8	−1.3	−0.8

表1-8 女生坐位体前屈单项评分表（单位：厘米）

等级	单项得分	一年级	二年级	三年级	四年级	五年级	六年级	初一
优秀	100	18.6	18.9	19.2	19.5	19.8	19.9	21.8
	95	17.3	17.6	17.9	18.1	18.5	18.7	20.1
	90	16.0	16.3	16.6	16.9	17.2	17.5	18.4
良好	85	14.7	14.8	14.9	15.0	15.1	15.2	16.7
	80	13.4	13.3	13.2	13.1	13.0	12.9	15.0
及格	78	12.3	12.2	12.1	12.0	11.9	11.8	13.7
	76	11.2	11.1	11.0	10.9	10.8	10.7	12.4
	74	10.1	10.0	9.9	9.8	9.7	9.6	11.1
	72	9.0	8.9	8.8	8.7	8.6	8.5	9.8
	70	7.9	7.8	7.7	7.6	7.5	7.4	8.5
	68	6.8	6.7	6.6	6.5	6.4	6.3	7.2
	66	5.7	5.6	5.5	5.4	5.3	5.2	5.9
	64	4.6	4.5	4.4	4.3	4.2	4.1	4.6
	62	3.5	3.4	3.3	3.2	3.1	3.0	3.3
	60	2.4	2.3	2.2	2.1	2.0	1.9	2.0
不及格	50	1.6	1.5	1.4	1.3	1.2	1.1	1.2
	40	0.8	0.7	0.6	0.5	0.4	0.3	0.4
	30	0.0	−0.1	−0.2	−0.3	−0.4	−0.5	−0.4
	20	−0.8	−0.9	−1.0	−1.1	−1.2	−1.3	−1.2
	10	−1.6	−1.7	−1.8	−1.9	−2.0	−2.1	−2.0

等级	单项得分	初二	初三	高一	高二	高三	大一 大二	大三 大四
优秀	100	22.7	23.5	24.2	24.8	25.3	25.8	26.3
	95	21.0	21.8	22.5	23.1	23.6	24.0	24.4
	90	19.3	20.1	20.8	21.4	21.9	22.2	22.4
良好	85	17.6	18.4	19.1	19.7	20.2	20.6	21.0
	80	15.9	16.7	17.4	18.0	18.5	19.0	19.5
及格	78	14.6	15.4	16.1	16.7	17.2	17.7	18.2
	76	13.3	14.1	14.8	15.4	15.9	16.4	16.9
	74	12.0	12.8	13.5	14.1	14.6	15.1	15.6
	72	10.7	11.5	12.2	12.8	13.3	13.8	14.3
	70	9.4	10.2	10.9	11.5	12.0	12.5	13.0
	68	8.1	8.9	9.6	10.2	10.7	11.2	11.7
	66	6.8	7.6	8.3	8.9	9.4	9.9	10.4
	64	5.5	6.3	7.0	7.6	8.1	8.6	9.1
	62	4.2	5.0	5.7	6.3	6.8	7.3	7.8
	60	2.9	3.7	4.4	5.0	5.5	6.0	6.5
不及格	50	2.1	2.9	3.6	4.2	4.7	5.2	5.7
	40	1.3	2.1	2.8	3.4	3.9	4.4	4.9
	30	0.5	1.3	2.0	2.6	3.1	3.6	4.1
	20	−0.3	0.5	1.2	1.8	2.3	2.8	3.3
	10	−1.1	−0.3	0.4	1.0	1.5	2.0	2.5

表1-9　男生一分钟跳绳单项评分表（单位：次）

等级	单项得分	一年级	二年级	三年级	四年级	五年级	六年级
优秀	100	109	117	126	137	148	157
	95	104	112	121	132	143	152
	90	99	107	116	127	138	147
良好	85	93	101	110	121	132	141
	80	87	95	104	115	126	135
及格	78	80	88	97	108	119	128
	76	73	81	90	101	112	121
	74	66	74	83	94	105	114
	72	59	67	76	87	98	107
	70	52	60	69	80	91	100
	68	45	53	62	73	84	93
	66	38	46	55	66	77	86
	64	31	39	48	59	70	79
	62	24	32	41	52	63	72
	60	17	25	34	45	56	65
不及格	50	14	22	31	42	53	62
	40	11	19	28	39	50	59
	30	8	16	25	36	47	56
	20	5	13	22	33	44	53
	10	2	10	19	30	41	50

表1-10　女生一分钟跳绳单项评分表（单位：次）

等级	单项得分	一年级	二年级	三年级	四年级	五年级	六年级
优秀	100	117	127	139	149	158	166
	95	110	120	132	142	151	159
	90	103	113	125	135	144	152
良好	85	95	105	117	127	136	144
	80	87	97	109	119	128	136
及格	78	80	90	102	112	121	129
	76	73	83	95	105	114	122
	74	66	76	88	98	107	115
	72	59	69	81	91	100	108
	70	52	62	74	84	93	101
	68	45	55	67	77	86	94
	66	38	48	60	70	79	87
	64	31	41	53	63	72	80
	62	24	34	46	56	65	73
	60	17	27	39	49	58	66
不及格	50	14	24	36	46	55	63
	40	11	21	33	43	52	60
	30	8	18	30	40	49	57
	20	5	15	27	37	46	54
	10	2	12	24	34	43	51

表1-11　男生立定跳远单项评分表（单位：厘米）

等级	单项得分	初一	初二	初三	高一	高二	高三	大一大二	大三大四
优秀	100	225	240	250	260	265	270	273	275
	95	218	233	245	255	260	265	268	270
	90	211	226	240	250	255	260	263	265
良好	85	203	218	233	243	248	253	256	258
	80	195	210	225	235	240	245	248	250
及格	78	191	206	221	231	236	241	244	246
	76	187	202	217	227	232	237	240	242
	74	183	198	213	223	228	233	236	238
	72	179	194	209	219	224	229	232	234
	70	175	190	205	215	220	225	228	230
	68	171	186	201	211	216	221	224	226
	66	167	182	197	207	212	217	220	222
	64	163	178	193	203	208	213	216	218
	62	159	174	189	199	204	209	212	214
	60	155	170	185	195	200	205	208	210
不及格	50	150	165	180	190	195	200	203	205
	40	145	160	175	185	190	195	198	200
	30	140	155	170	180	185	190	193	195
	20	135	150	165	175	180	185	188	190
	10	130	145	160	170	175	180	183	185

表1-12　女生立定跳远单项评分表（单位：厘米）

等级	单项得分	初一	初二	初三	高一	高二	高三	大一大二	大三大四
优秀	100	196	200	202	204	205	206	207	208
	95	190	194	196	198	199	200	201	202
	90	184	188	190	192	193	194	195	196
良好	85	177	181	183	185	186	187	188	189
	80	170	174	176	178	179	180	181	182
及格	78	167	171	173	175	176	177	178	179
	76	164	168	170	172	173	174	175	176
	74	161	165	167	169	170	171	172	173
	72	158	162	164	166	167	168	169	170
	70	155	159	161	163	164	165	166	167
	68	152	156	158	160	161	162	163	164
	66	149	153	155	157	158	159	160	161
	64	146	150	152	154	155	156	157	158
	62	143	147	149	151	152	153	154	155
	60	140	144	146	148	149	150	151	152
不及格	50	135	139	141	143	144	145	146	147
	40	130	134	136	138	139	140	141	142
	30	125	129	131	133	134	135	136	137
	20	120	124	126	128	129	130	131	132
	10	115	119	121	123	124	125	126	127

表1-13 男生一分钟仰卧起坐、引体向上单项评分表（单位：次）

等级	单项得分	三年级	四年级	五年级	六年级	初一	初二
优秀	100	48	49	50	51	13	14
	95	45	46	47	48	12	13
	90	42	43	44	45	11	12
良好	85	39	40	41	42	10	11
	80	36	37	38	39	9	10
及格	78	34	35	36	37		
	76	32	33	34	35	8	9
	74	30	31	32	33		
	72	28	29	30	31	7	8
	70	26	27	28	29		
	68	24	25	26	27	6	7
	66	22	23	24	25		
	64	20	21	22	23	5	6
	62	18	19	20	21		
	60	16	17	18	19	4	5
不及格	50	14	15	16	17	3	4
	40	12	13	14	15	2	3
	30	10	11	12	13	1	2
	20	8	9	10	11		1
	10	6	7	8	9		

等级	单项得分	初三	高一	高二	高三	大一 大二	大三 大四
优秀	100	15	16	17	18	19	20
	95	14	15	16	17	18	19
	90	13	14	15	16	17	18
良好	85	12	13	14	15	16	17
	80	11	12	13	14	15	16
及格	78						
	76	10	11	12	13	14	15
	74						
	72	9	10	11	12	13	14
	70						
	68	8	9	10	11	12	13
	66						
	64	7	8	9	10	11	12
	62						
	60	6	7	8	9	10	11
不及格	50	5	6	7	8	9	10
	40	4	5	6	7	8	9
	30	3	4	5	6	7	8
	20	2	3	4	5	6	7
	10	1	2	3	4	5	6

注：小学三年级—六年级：一分钟仰卧起坐；初中、高中、大学：引体向上。

表1-14　女生一分钟仰卧起坐单项评分表（单位：次）

等级	单项得分	三年级	四年级	五年级	六年级	初一	初二
优秀	100	46	47	48	49	50	51
优秀	95	44	45	46	47	48	49
优秀	90	42	43	44	45	46	47
良好	85	39	40	41	42	43	44
良好	80	36	37	38	39	40	41
及格	78	34	35	36	37	38	39
及格	76	32	33	34	35	36	37
及格	74	30	31	32	33	34	35
及格	72	28	29	30	31	32	33
及格	70	26	27	28	29	30	31
及格	68	24	25	26	27	28	29
及格	66	22	23	24	25	26	27
及格	64	20	21	22	23	24	25
及格	62	18	19	20	21	22	23
及格	60	16	17	18	19	20	21
不及格	50	14	15	16	17	18	19
不及格	40	12	13	14	15	16	17
不及格	30	10	11	12	13	14	15
不及格	20	8	9	10	11	12	13
不及格	10	6	7	8	9	10	11

等级	单项得分	初三	高一	高二	高三	大一大二	大三大四
优秀	100	52	53	54	55	56	57
优秀	95	50	51	52	53	54	55
优秀	90	48	49	50	51	52	53
良好	85	45	46	47	48	49	50
良好	80	42	43	44	45	46	47
及格	78	40	41	42	43	44	45
及格	76	38	39	40	41	42	43
及格	74	36	37	38	39	40	41
及格	72	34	35	36	37	38	39
及格	70	32	33	34	35	36	37
及格	68	30	31	32	33	34	35
及格	66	28	29	30	31	32	33
及格	64	26	27	28	29	30	31
及格	62	24	25	26	27	28	29
及格	60	22	23	24	25	26	27
不及格	50	20	21	22	23	24	25
不及格	40	18	19	20	21	22	23
不及格	30	16	17	18	19	20	21
不及格	20	14	15	16	17	18	19
不及格	10	12	13	14	15	16	17

表1-15 男生耐力跑单项评分表（单位：分·秒）

等级	单项得分	五年级	六年级	初一	初二	初三
优秀	100	1'36"	1'30"	3'55"	3'50"	3'40"
	95	1'39"	1'33"	4'05"	3'55"	3'45"
	90	1'42"	1'36"	4'15"	4'00"	3'50"
良好	85	1'45"	1'39"	4'22"	4'07"	3'57"
	80	1'48"	1'42"	4'30"	4'15"	4'05"
及格	78	1'51"	1'45"	4'35"	4'20"	4'10"
	76	1'54"	1'48"	4'40"	4'25"	4'15"
	74	1'57"	1'51"	4'45"	4'30"	4'20"
	72	2'00"	1'54"	4'50"	4'35"	4'25"
	70	2'03"	1'57"	4'55"	4'40"	4'30"
	68	2'06"	2'00"	5'00"	4'45"	4'35"
	66	2'09"	2'03"	5'05"	4'50"	4'40"
	64	2'12"	2'06"	5'10"	4'55"	4'45"
	62	2'15"	2'09"	5'15"	5'00"	4'50"
	60	2'18"	2'12"	5'20"	5'05"	4'55"
不及格	50	2'22"	2'16"	5'40"	5'25"	5'15"
	40	2'26"	2'20"	6'00"	5'45"	5'35"
	30	2'30"	2'24"	6'20"	6'05"	5'55"
	20	2'34"	2'28"	6'40"	6'25"	6'15"
	10	2'38"	2'32"	7'00"	6'45"	6'35"

等级	单项得分	高一	高二	高三	大一 大二	大三 大四
优秀	100	3'30"	3'25"	3'20"	3'17"	3'15"
	95	3'35"	3'30"	3'25"	3'22"	3'20"
	90	3'40"	3'35"	3'30"	3'27"	3'25"
良好	85	3'47"	3'42"	3'37"	3'34"	3'32"
	80	3'55"	3'50"	3'45"	3'42"	3'40"
及格	78	4'00"	3'55"	3'50"	3'47"	3'45"
	76	4'05"	4'00"	3'55"	3'52"	3'50"
	74	4'10"	4'05"	4'00"	3'57"	3'55"
	72	4'15"	4'10"	4'05"	4'02"	4'00"
	70	4'20"	4'15"	4'10"	4'07"	4'05"
	68	4'25"	4'20"	4'15"	4'12"	4'10"
	66	4'30"	4'25"	4'20"	4'17"	4'15"
	64	4'35"	4'30"	4'25"	4'22"	4'20"
	62	4'40"	4'35"	4'30"	4'27"	4'25"
	60	4'45"	4'40"	4'35"	4'32"	4'30"
不及格	50	5'05"	5'00"	4'55"	4'52"	4'50"
	40	5'25"	5'20"	5'15"	5'12"	5'10"
	30	5'45"	5'40"	5'35"	5'32"	5'30"
	20	6'05"	6'00"	5'55"	5'52"	5'50"
	10	6'25"	6'20"	6'15"	6'12"	6'10"

注：小学五年级至六年级：50米×8往返跑；初中、高中、大学：1 000米跑。

表1-16 女生耐力跑单项评分表（单位：分·秒）

等级	单项得分	五年级	六年级	初一	初二	初三
优秀	100	1'41"	1'37"	3'35"	3'30"	3'25"
	95	1'44"	1'40"	3'42"	3'37"	3'32"
	90	1'47"	1'43"	3'49"	3'44"	3'39"
良好	85	1'50"	1'46"	3'57"	3'52"	3'47"
	80	1'53"	1'49"	4'05"	4'00"	3'55"
及格	78	1'56"	1'52"	4'10"	4'05"	4'00"
	76	1'59"	1'55"	4'15"	4'10"	4'05"
	74	2'02"	1'58"	4'20"	4'15"	4'10"
	72	2'05"	2'01"	4'25"	4'20"	4'15"
	70	2'08"	2'04"	4'30"	4'25"	4'20"
	68	2'11"	2'07"	4'35"	4'30"	4'25"
	66	2'14"	2'10"	4'40"	4'35"	4'30"
	64	2'17"	2'13"	4'45"	4'40"	4'35"
	62	2'20"	2'16"	4'50"	4'45"	4'40"
	60	2'23"	2'19"	4'55"	4'50"	4'45"
不及格	50	2'27"	2'23"	5'05"	5'00"	4'55"
	40	2'31"	2'27"	5'15"	5'10"	5'05"
	30	2'35"	2'31"	5'25"	5'20"	5'15"
	20	2'39"	2'35"	5'35"	5'30"	5'25"
	10	2'43"	2'39"	5'45"	5'40"	5'35"

等级	单项得分	高一	高二	高三	大一 大二	大三 大四
优秀	100	3'24"	3'22"	3'20"	3'18"	3'16"
	95	3'30"	3'28"	3'26"	3'24"	3'22"
	90	3'36"	'34"	3'32"	3'30"	3'28"
良好	85	3'43"	3'41"	3'39"	3'37"	3'35"
	80	3'50"	3'48"	3'46"	3'44"	3'42"
及格	78	3'55"	3'53"	3'51"	3'49"	3'47"
	76	4'00"	3'58"	3'56"	3'54"	3'52"
	74	4'05"	4'03"	4'01"	3'59"	3'57"
	72	4'10"	4'08"	4'06"	4'04"	4'02"
	70	4'15"	4'13"	4'11"	4'09"	4'07"
	68	4'20"	4'18"	4'16"	4'14"	4'12"
	66	4'25"	4'23"	4'21"	4'19"	4'17"
	64	4'30"	4'28"	4'26"	4'24"	4'22"
	62	4'35"	4'33"	4'31"	4'29"	4'27"
	60	4'40"	4'38"	4'36"	4'34"	4'32"
不及格	50	4'50"	4'48"	4'46"	4'44"	4'42"
	40	5'00"	4'58"	4'56"	4'54"	4'52"
	30	5'10"	5'08"	5'06"	5'04"	5'02"
	20	5'20"	5'18"	5'16"	5'14"	5'12"
	10	5'30"	5' 28"	5'26"	5'24"	5'22"

注：小学五年级至六年级：50米×8往返跑；初中、高中、大学：800米跑。

（二）加分指标评分表

表2-1 男生一分钟跳绳评分表（单位：次）

加分	一年级	二年级	三年级	四年级	五年级	六年级
20	40	40	40	40	40	40
19	38	38	38	38	38	38
18	36	36	36	36	36	36
17	34	34	34	34	34	34
16	32	32	32	32	32	32
15	30	30	30	30	30	30
14	28	28	28	28	28	28
13	26	26	26	26	26	26
12	24	24	24	24	24	24
11	22	22	22	22	22	22
10	20	20	20	20	20	20
9	18	18	18	18	18	18
8	16	16	16	16	16	16
7	14	14	14	14	14	14
6	12	12	12	12	12	12
5	10	10	10	10	10	10
4	8	8	8	8	8	8
3	6	6	6	6	6	6
2	4	4	4	4	4	4
1	2	2	2	2	2	2

注：一分钟跳绳为高优指标，学生成绩超过单项评分100分后，以超过的次数所对应的分数进行加分。

表2-2 女生一分钟跳绳评分表（单位：次）

加分	一年级	二年级	三年级	四年级	五年级	六年级
20	40	40	40	40	40	40
19	38	38	38	38	38	38
18	36	36	36	36	36	36
17	34	34	34	34	34	34
16	32	32	32	32	32	32
15	30	30	30	30	30	30
14	28	28	28	28	28	28
13	26	26	26	26	26	26
12	24	24	24	24	24	24
11	22	22	22	22	22	22
10	20	20	20	20	20	20
9	18	18	18	18	18	18
8	16	16	16	16	16	16
7	14	14	14	14	14	14
6	12	12	12	12	12	12
5	10	10	10	10	10	10
4	8	8	8	8	8	8
3	6	6	6	6	6	6
2	4	4	4	4	4	4
1	2	2	2	2	2	2

注：一分钟跳绳为高优指标，学生成绩超过单项评分100分后，以超过的次数所对应的分数进行加分。

表2-3 男生引体向上评分表（单位：次）

加分	初一	初二	初三	高一	高二	高三	大一大二	大三大四
10	10	10	10	10	10	10	10	10
9	9	9	9	9	9	9	9	9
8	8	8	8	8	8	8	8	8
7	7	7	7	7	7	7	7	7
6	6	6	6	6	6	6	6	6
5	5	5	5	5	5	5	5	5
4	4	4	4	4	4	4	4	4
3	3	3	3	3	3	3	3	3
2	2	2	2	2	2	2	2	2
1	1	1	1	1	1	1	1	1

表2-4 女生一分钟仰卧起坐评分表（单位：次）

加分	初一	初二	初三	高一	高二	高三	大一大二	大三大四
10	13	13	13	13	13	13	13	13
9	12	12	12	12	12	12	12	12
8	11	11	11	11	11	11	11	11
7	10	10	10	10	10	10	10	10
6	9	9	9	9	9	9	9	9
5	8	8	8	8	8	8	8	8
4	7	7	7	7	7	7	7	7
3	6	6	6	6	6	6	6	6
2	4	4	4	4	4	4	4	4
1	2	2	2	2	2	2	2	2

注：引体向上、一分钟仰卧起坐均为高优指标，学生成绩超过单项评分100分后，以超过的次数所对应的分数进行加分。

表2-5　男生1 000米跑评分表（单位：分·秒）

加分	初一	初二	初三	高一	高二	高三	大一大二	大三大四
10	−35″	−35″	−35″	−35″	−35″	−35″	−35″	−35″
9	−32″	−32″	−32″	−32″	−32″	−32″	−32″	−32″
8	−29″	−29″	−29″	−29″	−29″	−29″	−29″	−29″
7	−26″	−26″	−26″	−26″	−26″	−26″	−26″	−26″
6	−23″	−23″	−23″	−23″	−23″	−23″	−23″	−23″
5	−20″	−20″	−20″	−20″	−20″	−20″	−20″	−20″
4	−16″	−16″	−16″	−16″	−16″	−16″	−16″	−16″
3	−12″	−12″	−12″	−12″	−12″	−12″	−12″	−12″
2	−8″	−8″	−8″	−8″	−8″	−8″	−8″	−8″
1	−4″	−4″	−4″	−4″	−4″	−4″	−4″	−4″

表2-6　女生800米跑评分表（单位：分·秒）

加分	初一	初二	初三	高一	高二	高三	大一大二	大三大四
10	−50″	−50″	−50″	−50″	−50″	−50″	−50″	−50″
9	−45″	−45″	−45″	−45″	−45″	−45″	−45″	−45″
8	−40″	−40″	−40″	−40″	−40″	−40″	−40″	−40″
7	−35″	−35″	−35″	−35″	−35″	−35″	−35″	−35″
6	−30″	−30″	−30″	−30″	−30″	−30″	−30″	−30″
5	−25″	−25″	−25″	−25″	−25″	−25″	−25″	−25″
4	−20″	−20″	−20″	−20″	−20″	−20″	−20″	−20″
3	−15″	−15″	−15″	−15″	−15″	−15″	−15″	−15″
2	−10″	−10″	−10″	−10″	−10″	−10″	−10″	−10″
1	−5″	−5″	−5″	−5″	−5″	−5″	−5″	−5″

注：1 000米跑、800米跑均为低优指标，学生成绩低于单项评分100分后，以减少的秒数所对应的分数进行加分。

附录二　样　　表

样表1.《国家学生体质健康标准》登记卡（小学1—2年级样表）

样表2.《国家学生体质健康标准》登记卡（小学3—4年级样表）

样表3.《国家学生体质健康标准》登记卡（小学5—6年级样表）

样表4.《国家学生体质健康标准》登记卡（初中样表）

样表5.《国家学生体质健康标准》登记卡（高中样表）

样表6.《国家学生体质健康标准》登记卡（大学样表）

样表7.　免予执行《国家学生体质健康标准》申请表（样表）

样表1 《国家学生体质健康标准》登记卡（小学1—2年级样表）

学　校

姓　名		性　别		学　号	
班　级		民　族		出生日期	

单项指标	一年级			单项指标	二年级		
	成绩	得分	等级		成绩	得分	等级
体重指数（BMI）（单位：千克/米²）				体重指数（BMI）（单位：千克/米²）			
肺活量（单位：毫升）				肺活量（单位：毫升）			
50米跑（单位：秒）				50米跑（单位：秒）			
坐位体前屈（单位：厘米）				坐位体前屈（单位：厘米）			
1分钟跳绳（单位：次）				1分钟跳绳（单位：次）			
标准分				标准分			
加分指标	成绩		附加分	加分指标	成绩		附加分
1分钟跳绳（单位：次）				1分钟跳绳（单位：次）			
学年总分				学年总分			
等级评定				等级评定			
体育教师签字				体育教师签字			
班主任签字				班主任签字			
家长签字				家长签字			

学校签章：

年　　月　　日

样表2 《国家学生体质健康标准》登记卡（小学3—4年级样表）

学 校

姓 名		性 别		学 号	
班 级		民 族		出生日期	

单项指标	三年级			单项指标	四年级		
	成绩	得分	等级		成绩	得分	等级
体重指数（BMI）（单位：千克/米²）				体重指数（BMI）（单位：千克/米²）			
肺活量（单位：毫升）				肺活量（单位：毫升）			
50米跑（单位：秒）				50米跑（单位：秒）			
坐位体前屈（单位：厘米）				坐位体前屈（单位：厘米）			
1分钟跳绳（单位：次）				1分钟跳绳（单位：次）			
1分钟仰卧起坐（单位：次）				1分钟仰卧起坐（单位：次）			
标准分				标准分			
加分指标	成绩		附加分	加分指标	成绩		附加分
1分钟跳绳（单位：次）				1分钟跳绳（单位：次）			
学年总分				学年总分			
等级评定				等级评定			
体育教师签字				体育教师签字			
班主任签字				班主任签字			
家长签字				家长签字			

学校签章：

年 月 日

样表3 《国家学生体质健康标准》登记卡（小学5—6年级样表）

学　校

姓　名		性　别		学　号	
班　级		民　族		出生日期	

单项指标	五年级			六年级			毕业成绩	
	成绩	得分	等级	成绩	得分	等级	得分	等级
体重指数（BMI） （单位：千克/米^2）								
肺活量 （单位：毫升）								
50米跑 （单位：秒）								
坐位体前屈 （单位：厘米）								
1分钟跳绳 （单位：次）								
1分钟仰卧起坐 （单位：次）								
50米×8往返跑 （单位：分·秒）								
标准分								
加分指标	成绩		附加分	成绩		附加分		
1分钟跳绳 （单位：次）								
学年总分								
等级评定								
体育教师签字								
班主任签字								
家长签字								

学校签章：

年　　月　　日

样表4 《国家学生体质健康标准》登记卡（初中样表）

学 校

姓 名		性 别			学 号		
班 级		民 族			出生日期		

单项指标	初 一			初 二			初 三			毕业成绩	
	成绩	得分	等级	成绩	得分	等级	成绩	得分	等级	得分	等级
体重指数（BMI）（千克/米²）											
肺活量（毫升）											
50米跑（秒）											
坐位体前屈（厘米）											
立定跳远（厘米）											
引体向上（男）/1分钟仰卧起坐(女)（次）											
1 000米跑（男）/800米跑（女）（分·秒）											
标准分											

加分指标	成绩	附加分	成绩	附加分	成绩	附加分		
引体向上（男）/1分钟仰卧起坐（女）（次）								
1 000米跑（男）/800米跑（女）（分·秒）								
学年总分								
等级评定								
体育教师签字								
班主任签字								
家长签字								

学校签章：

年 月 日

样表5 《国家学生体质健康标准》登记卡（高中样表）

学　校

姓　名		性　别			学　号		
班　级		民　族			出生日期		

单项指标	高　一			高　二			高　三			毕业成绩	
	成绩	得分	等级	成绩	得分	等级	成绩	得分	等级	得分	等级
体重指数（BMI）（千克/米²）											
肺活量（毫升）											
50米跑（秒）											
坐位体前屈（厘米）											
立定跳远（厘米）											
引体向上（男）/1分钟仰卧起坐(女)（次)											
1 000米跑（男）/800米跑（女）（分·秒）											
标准分											

加分指标	成绩	附加分	成绩	附加分	成绩	附加分	
引体向上（男）/1分钟仰卧起坐（女）（次）							
1 000米跑（男）/800米跑（女）（分·秒）							
学年总分							
等级评定							
体育教师签字							
班主任签字							
家长签字							

注：中等职业学校参照本样表执行。

学校签章：

年　　月　　日

样表6　《国家学生体质健康标准》登记卡（大学样表）

学　校

姓　名			性　别				学　号			
院（系）			民　族				出生日期			

单项指标	大　一			大　二			大　三			大　四			毕业成绩	
	成绩	得分	等级	成绩	得分	等级	成绩	得分	等级	成绩	得分	等级	得分	等级
体重指数（BMI）（千克/米²）														
肺活量（毫升）														
50米跑（秒）														
坐位体前屈（厘米）														
立定跳远（厘米）														
引体向上（男）/1分钟仰卧起坐(女)（次）														
1 000米跑（男）/800米跑(女)（分·秒）														
标准分														

加分指标	成绩	附加分	成绩	附加分	成绩	附加分	成绩	附加分		
引体向上（男）/1分钟仰卧起坐(女)（次）										
1 000米跑（男）/800米跑(女)（分·秒）										
学年总分										
等级评定										
体育教师签字										
辅导员签字										

注：高等职业学校、高等专科学校参照本样表执行。

学校签章：

年　　月　　日

样表7　免予执行《国家学生体质健康标准》申请表（样表）

学　校

姓　名		性　别		学　号	
班　级/院（系）		民　族		出生日期	
原因	申请人： 年　月　日				
体育教师签字		家长签字			
学校体育部门意见	学校签章： 年　月　日				

注：中等职业学校及普通高等学校的学生，"家长签字"由学生本人签字。

附录三　一些检查项目的正常参考值

1. 血　压

收缩压≥21.kPa（160mmHg）、舒张压≥12.7kPa（95mmHg），二者有一项核实即可诊断为高血压。

2. 体　重

男子标准体重（kg）＝［身高（cm）－100］×0.9（kg）

女生标准体重（kg）＝［身高（cm）－100］×0.9（kg）－2.5（kg）

简化男女标准体重（kg）＝身高（cm）－105

体重若超过标准体重的25％，称为肥胖症。

3. 血液常规检查

血红蛋白的正常参考值：男120—160g／L；女110—150g／L

血沉的正常参考值：男＜15mm／h；女＜20mm／h

白细胞总数的正常参考值：4.0—10.0×10^9/L

中性粒细胞数的相对值：50%—70%

嗜酸性抗细胞数的相对值：0.5%—5%

淋巴细胞的相对值：20%—40%

单核细胞的相对值：3%—8%

4. 尿常规检查

总量：1 000—2 000ml / 24h

酸碱反应：PH5—8

比重：任意尿1.003—1.030

红细胞：尿沉渣＜2/400×10个视野

白细胞：尿沉渣男＜2/400×10个视野

尿沉渣女＜2/400×每个视野

上皮细胞尿沉渣：少量 / 400X

管型细胞尿沉渣：0/100X

5. 粪便常规检查

红细胞：无白细胞、上皮细胞

粪胆素原：40—200mg / 24h

隐血：阴性

6. 乙型肝炎病（HBV）标志实验室检查的常用项目及价值

目前同学们体检常进行乙型肝炎血清五项，俗称"二对半"，它的主要价值是：确定乙型肝炎的病原诊断；用于乙型肝炎流行病学调查；用于病情及预后判断；检出潜在乙型肝炎传染源；疫苗接种对象筛选、疫苗安全性和效果分析。

（1）HBsAg阳性：可能为无症状的HBsAg携带者，可能是与乙肝有关的肝硬化或肝癌，也可能是急性乙肝潜伏期或急性、慢行肝炎患者。应根据临床和实验室其他指标综合分析。抗HBs阳性：提示机型乙肝的康复。

（2）HBcAg：认为无特殊临床价值，未作常规应用。抗HBc和HBV感染后的最高标志抗体，且效价高，持续时间长，甚至终身不消失。HBc阴性是早期HBV感染的可靠标志。

（3）HBeAg：在机体感染HBV后，血清中出现HBsAg后不久即可查到HBeAg。因此HBeAg阴性提示传染性强、自然转阴率低。抗HbeAg阳性，转阴率高。急性肝炎患者由HBeAg血症转为HBe血症提示病情好转。